Gastronomia Vindecării

Rețete Anti-Inflamatorii pentru Bucătăria Ta

Ana Popescu

Cuprins

Broccoli condimentat, conopida si tofu cu ceapa rosie 16

Ingrediente: 16

Adrese: 17

Tigaie cu fasole și somon Porții: 4 18

Ingrediente: 18

Adrese: 19

Porții de supă de morcovi: 4 20

Ingrediente: 20

Adrese: 21

Porții de salată de paste sănătoase: 6 22

Ingrediente: 22

Adrese: 22

Curry cu năut Porții: 4 până la 6 24

Ingrediente: 24

Adrese: 25

Carne tocata de vita Stroganoff Ingrediente: 26

Adrese: 26

Porții de coaste picante: 4 28

Ingrediente: 28

Adrese: 29

Supă cu tăiței cu pui fără gluten Porții: 4 30

Ingrediente: 30

Curry de linte Porții: 4 32

Ingrediente: 32

Adrese: 33

Pui și mazăre prăjiți porții: 4 34

Ingrediente: 34

Adrese: 35

Broccolini suculent cu migdale și hamsii Porții: 6 36

Ingrediente: 36

Adrese: 36

Porții de shiitake și chifteluțe cu spanac: 8 38

Ingrediente: 38

Adrese: 38

Salată de broccoli și conopidă Porții: 6 40

Ingrediente: 40

Adrese: 41

Salată de pui cu o răsucire chinezească Porții: 3 42

Ingrediente: 42

Adrese: 43

Ardei umpluți cu amarant și quinoa Porții: 4 44

Ingrediente: 44

File de pește cu crustă de brânză crocantă Porții: 4 46

Ingrediente: 46

Adrese: 46

Fasole Protein Power și coji umplute verzi 48

Ingrediente: 48

Ingrediente pentru salata cu taitei asiatici: 51

Adrese: 51

Porții de somon și fasole verde: 4 53

Ingrediente: 53

Adrese: 53

Ingrediente de pui umplut cu branza: 55

Adrese: 56

Rucola cu sos de gorgonzola Porții: 4 57

Ingrediente: 57

Adrese: 57

Porții de supă de varză: 6 59

Ingrediente: 59

Orez cu conopidă Porții: 4 60

Ingrediente: 60

Adrese: 60

Frittata Feta & Spanac Porții: 4 61

Ingrediente: 61

Adrese: 61

Autocolante pentru oală de pui de ardere Ingrediente: 63

Adrese: 64

Creveți cu usturoi cu conopidă mărunțită Porții: 2 65

Ingrediente: 65

Adrese: 66

Ton cu broccoli portii: 1 67

Ingrediente: 67

Adrese: 67

Supă de dovleac cu creveți Porții: 4 68

Ingrediente: 68

Adrese: 69

Biluțe de curcan la cuptor sărate Porții: 6 70

Ingrediente: 70

Adrese: 70

Cioda de scoici limpede Porții: 4 72

Ingrediente: 72

Adrese: 73

Orez cu pui porții: 4 74

Ingrediente: 74

Adrese: 75

Jambalaya de creveți soți Porții: 4 77

Ingrediente: 77

Porții de pui chili: 6 79

Ingrediente: 79

Adrese: 80

Supă de linte cu usturoi Porții: 4 81

Ingrediente: 81

Dovlecei picant și pui în prăjirea clasică Santa Fe 83

Ingrediente: 83

Adrese: 84

Tacos cu tilapia cu susan mare și salată de ghimbir 85

Ingrediente: 85

Adrese: 86

Curry de linte înăbușită Porții: 4 87

Ingrediente: 87

Adrese: 87

Salată Caesar de Kale cu Wrap de pui la grătar Porții: 2 89

Ingrediente: 89

Adrese: 90

Salată de spanac și fasole Porții: 1 91

Ingrediente: 91

Adrese: 91

Crusta de somon cu nuci si rozmarin Porții: 6 92

Ingrediente: 92

Adrese: 93

Cartofi dulci copți cu sos tahini roșu Porții: 4 94

Ingrediente: 94

Adrese: 95

Supă italiană de dovleac de vară Porții: 4 96

Ingrediente: 96

Adrese: 97

Supă de somon cu șofran Porții: 4 98

Ingrediente: 98

Supă de creveți și ciuperci cu aromă thailandeză 100

Ingrediente: 100

Adrese: 101

Orzo cu roșii uscate Ingrediente: 102

Adrese: 102

Supă cu ciuperci de sfeclă Porții: 4 104

Ingrediente: 104

Adrese: 104

Chiftele de pui cu parmezan Ingrediente: 106

Adrese: 106

Chiftele Alla Parmigiana Ingrediente: 108

Adrese: 109

Piept de curcan în tigaie cu legume rumenite 110

Ingrediente: 110

Adrese: 110

Curry verde cu nucă de cocos cu orez fiert Porții: 8 112

Ingrediente: 112

Adrese: 112

Supă de cartofi dulci, pui, linte, porții: 6 114

Ingrediente: 114

Adrese: 114

Porții de clătite cu fulgi de ovăz: 1 116

Ingrediente: 116

Adrese: 116

Porții de fulgi de ovăz de arțar: 4 118

Ingrediente: 118

Adrese: 118

Smoothie cu căpșuni Kiwi Porții: 1 120

Ingrediente: 120

Adrese: 120

Terci de semințe de in cu scorțișoară Porții: 4 121

Ingrediente: 121

Adrese: 121

Batoane de mic dejun cu cartofi dulci și afine Porții: 8 123

Ingrediente: 123

Adrese: 123

Fulgi de ovăz copți cu condimente de dovleac: 6 125

Ingrediente: 125

Adrese: 125

Ouă omletă cu spanac și roșii Porții: 1 127

Ingrediente: 127

Adrese: 127

Smoothie cu rădăcină tropicală, ghimbir și turmeric Porții: 1 129

Ingrediente: 129

Adrese: 129

Pâine prăjită cu vanilie și scorțișoară 131

Porții: 4 131

Ingrediente: 131

Adrese: 131

Porții de mic dejun cu barca cu avocado: 2 133

Ingrediente: 133

Adrese: 133

Porții de haș de curcan: 4 135

Ingrediente: 135

Adrese: 136

Ovăz tăiat din oțel cu chefir și fructe de pădure 138

Porții: 4 138

Ingrediente: 138

Spaghete fabuloase cu dovlecei cu brânză și pesto de busuioc 140

Ingrediente: 140

Adrese: 140

Smoothie de portocale cu piersici porții: 2 142

Ingrediente: 142

Adrese: 142

Brioșe cu unt de migdale și banane Porții: 6 143

Ingrediente: 143

Adrese: 143

Terci de mic dejun Porții: 1 145

Ingrediente: 145

Adrese: 145

Pâine cu banane Ovăz peste noapte Porții: 3 147

Ingrediente: 147

Adrese: 147

Bol cu banane Choco Chia Porții: 3 149

Ingrediente: 149

Adrese: 149

Smoothie antiinflamator cu cireșe și spanac Porții: 1 151

Ingrediente: 151

Adrese: 151

Shakshuka picant porții: 4 153

Ingrediente: 153

Adrese: 154

Golden Milk 5 minute porții: 1 156

Ingrediente: 156

Adrese: 156

Porții de mic dejun cu fulgi de ovăz: 1 158

Ingrediente: 158

Adrese: 158

Fără coacere gogoși cu proteine turmeric porții: 8 160

Ingrediente: 160

Adrese: 160

Brânză Cheddar și Frittata cu Kale Porții: 6 162

Ingrediente: 162

Adrese: 162

Frittata mediteraneană Porții: 6 164

Ingrediente: 164

Adrese:..164

Granola cu ghimbir și scorțișoară de hrișcă Porții: 5 166

Ingrediente: 166

Adrese:..167

Porții de clătite cu coriandru: 6 168

Ingrediente: 168

Adrese:..168

Smoothie cu zmeură și grepfrut Porții: 1 170

Ingrediente: 170

Adrese:..170

Granola cu unt de arahide Porții: 8 171

Ingrediente: 171

Adrese:..171

Ouă omletă la cuptor cu turmeric Porții: 6...................................173

Ingrediente: 173

Adrese:..173

Tară de ovăz Chia Mic dejun Porții: 2 175

Ingrediente: 175

Adrese:..175

Rețetă de brioșe cu rubarbă, mere și ghimbir: 8 porții 177

Ingrediente: 177

Porții de cereale și fructe: 6...180

Ingrediente: 180

Adrese:..180

Perky Paleo Cartofi și pudră de proteine porții: 1 182

Ingrediente: 182

Adrese: 182

Bruschetta cu busuioc și roșii Porții: 8 184

Ingrediente: 184

Adrese: 184

Clătite cu nucă de cocos și scorțișoară Porții: 2 186

Ingrediente: 186

Adrese: 186

Fulgi de ovăz cu nuci, afine și banane Porții: 6 188

Ingrediente: 188

Adrese: 189

Toast cu ouă de somon poșat Porții: 2 190

Ingrediente: 190

Adrese: 190

Budinca de mic dejun Chia Porții: 2 191

Ingrediente: 191

Adrese: 191

Ouă cu brânză porții: 1 192

Ingrediente: 192

Adrese: 192

Boluri tropicale Porții: 2 194

Ingrediente: 194

Adrese: 194

Hash Browns Tex Mex Porții: 4 195

Ingrediente: 195

Adrese: 195

Paste Shirataki Cu Avocado și Cremă Porții: 2 197

Ingrediente: 197

Adrese: 197

Porții delicioase de terci de amarant: 2 199

Ingrediente: 199

Adrese: 199

Clatite cu faina de migdale cu crema de branza Portii: 2 201

Ingrediente: 201

Adrese: 201

Porții de haș pentru micul dejun cu mere de curcan: 5 203

Ingrediente: 203

Adrese: 204

Briose din cânepă și semințe de in cu porții de brânză: 2 206

Ingrediente: 206

Adrese: 207

Vafe de conopidă cu brânză și arpagic Porții: 2 208

Ingrediente: 208

Adrese: 208

Porții de sandwich pentru micul dejun: 1 210

Ingrediente: 210

Adrese: 210

106. Brioșe vegetariane sărate Porții: 5 210

Ingrediente: 210

Adrese: 211

Clătite cu dovlecel Porții: 8 213

Ingrediente: 213

Adrese: 213

Mic dejun Burger cu chifle de avocado Porții: 1 215

Ingrediente: 215

Adrese: 215

Foetaj gustoase cremoase și cu brânză Porții: 2 217

Ingrediente: 217

Adrese: 217

Broccoli condimentat, conopida si tofu cu ceapa rosie

Porții: 2

Timp de gătire: 25 minute

Ingrediente:

2 căni de buchețele de broccoli

2 cesti buchetele de conopida

1 ceapă roșie medie, tăiată cubulețe

3 linguri ulei de masline extravirgin

1 lingurita sare

¼ de lingurita piper negru proaspat macinat

1 kilogram de tofu ferm, tăiat în cuburi de 1 inch

1 catel de usturoi tocat

1 bucată (¼ inch) de ghimbir proaspăt, tocat mărunt

Adrese:

1. Preîncălziți cuptorul la 400°F.

2. Combinați broccoli, conopida, ceapa, uleiul, sare și piper într-o tavă mare de copt cu ramă și amestecați bine.

3. Prăjiți până când legumele sunt fragede, 10 până la 15 minute.

4. Adăugați tofu, usturoi și ghimbir. Se prăjește în 10 minute.

5. Amesteca usor ingredientele pe foaia de copt pentru a combina tofu cu legumele si serveste.

<u>Informatii nutritionale:</u>Calorii 210 Grăsimi totale: 15 g Carbohidrați totale: 11 g Zahar: 4 g Fibre: 4 g Proteine: 12 g Sodiu: 626 mg

Tigaie cu fasole și somon Porții: 4

Timp de gătire: 25 minute

Ingrediente:

1 cana de fasole neagra conservata, scursa si clatita 4 catei de usturoi, tocati marunt

1 ceapa galbena, tocata

2 linguri de ulei de măsline

4 fileuri de somon, dezosate

½ lingurita coriandru, macinat

1 lingurita de pudra de turmeric

2 roșii, tăiate cubulețe

½ cană supă de pui

Un praf de sare si piper negru

½ linguriță de semințe de chimen

1 lingura arpagic, tocat

Adrese:

1. Se incinge o tigaie cu ulei la foc mediu, se adauga ceapa si usturoiul si se calesc 5 minute.

2. Adăugați peștele și prăjiți 2 minute pe fiecare parte.

3. Adăugați fasolea și alte ingrediente, amestecați ușor și gătiți încă 10 minute.

4. Împărțiți amestecul în farfurii și serviți imediat la prânz.

Informatii nutritionale:Calorii 219, grăsimi 8, fibre 8, carbohidrați 12, proteine 8

Porții de supă de morcovi: 4

Timp de gătire: 40 de minute

Ingrediente:

1 cană de dovleac butternut, tocat

1 lingura. Ulei de masline

1 lingura. Praf de turmeric

14 uncii lapte de cocos, ușor

3 cani de morcov, tocat

1 praz, clătit și feliat

1 lingura. ghimbir ras

3 căni de bulion de legume

1 cană fenicul, tocat

Sare si piper dupa gust

2 catei de usturoi, tocati

Adrese:

1. Începeți prin a încălzi un cuptor olandez la foc mediu.

2. Pentru a face acest lucru, adăugați uleiul, apoi adăugați feniculul, dovleacul, morcovii și prazul. Amesteca bine.

3. Acum coaceți 4-5 minute sau până când se înmoaie.

4. Apoi adăugați turmericul, ghimbirul, piperul și usturoiul. Gatiti inca 1-2 minute.

5. Apoi adăugați bulionul și laptele de cocos. Se combină bine.

6. Apoi aduceți amestecul la fierbere și acoperiți cuptorul olandez.

7. Gatiti la foc mic timp de 20 de minute.

8. După gătire, transferați amestecul într-un blender de mare viteză și amestecați timp de 1 până la 2 minute sau până când devine omogen și cremos.

9. Verificați condimentele și adăugați mai multă sare și piper dacă este necesar.

<u>Informatii nutritionale:</u>Calorii: 210,4 Kcal Proteine: 2,11 g Carbohidrați: 25,64 g Grăsimi: 10,91 g

Porții de salată de paste sănătoase: 6

Timp de preparare: 10 minute

Ingrediente:

1 pachet de paste fusilli fără gluten

1 cana rosii struguri, feliate

1 mână de coriandru proaspăt, tocat mărunt

1 cană măsline, tăiate la jumătate

1 cană busuioc proaspăt, tocat

½ cană ulei de măsline

sare de mare dupa gust

Adrese:

1. Se amestecă uleiul de măsline, busuiocul tocat, coriandru și sarea de mare.

Pune deoparte.

2. Gatiti pastele conform instructiunilor de pe ambalaj, strecurati si clatiti.

3. Amesteca pastele cu rosiile si maslinele.

4. Adăugați amestecul de ulei de măsline și amestecați până se omogenizează bine.

Informatii nutritionale:Carbohidrați totale 66 g Fibre alimentare: 5 g Proteine: 13 g Grăsimi totale: 23 g Calorii: 525

Curry cu năut Porții: 4 până la 6

Timp de gătire: 25 minute

Ingrediente:

2 × 15 uncii Naut, spalat, scurs si fiert 2 linguri. Ulei de masline

1 lingura. Praf de turmeric

½ din 1 ceapă tocată

1 lingurita cayenne, macinata

4 catei de usturoi, tocati marunt

2 lingurite pudra de chili

15 uncii pastă de tomate

Piper negru, dacă este necesar

2 linguri. Pasta de tomate

1 lingurita cayenne, macinata

½ lingură sirop de arțar

½ din 15 oz. cutie de lapte de cocos

2 lingurite chimen macinat

2 lingurite boia afumata

Adrese:

1. Încinge o tigaie mare la foc mediu. Turnați uleiul pentru asta.

2. Odată ce uleiul este fierbinte, adăugați ceapa și gătiți 3-4

minute sau până când se înmoaie.

3. Apoi adăugați pasta de roșii, siropul de arțar, toate condimentele, pasta de roșii și usturoiul. Amesteca bine.

4. Apoi adăugați năutul fiert împreună cu laptele de cocos, piper negru și sare.

5. Acum amestecați totul bine și lăsați-l să se odihnească timp de 8 până la 10 . fierbe

minute sau până când se îngroașă.

6. Deasupra se presara zeama de lamaie si se orneaza cu coriandru daca se doreste.

Informatii nutritionale:Calorii: 224 Kcal Proteine: 15,2 g Carbohidrați: 32,4 g Grăsimi: 7,5 g

Carne tocata de vita Stroganoff Ingrediente:

1 kilogram de carne de vită macră

1 ceapa mica tocata

1 catel de usturoi tocat marunt

3/4 de kilogram de ciuperci noi feliate

3 linguri de faina

2 căni de bulion de carne

sare si piper dupa gust

2 lingurite sos Worcestershire

3/4 cană smântână

2 linguri de patrunjel nou

Adrese:

1. Măcinați chifteluța de culoare închisă, ceapa și usturoiul (încercați să nu spargeți nimic deasupra) într-un bol până nu rămâne roz. Unsoare de canal.

2. Adăugați ciupercile feliate și gătiți timp de 2-3 minute. Se amestecă făina și se fierbe treptat timp de 1 minut.

3. Adăugați bulion, sosul Worcestershire, sare și piper și aduceți la fiert. Reduceți focul și fierbeți timp de 10 minute.

Gătiți tăițeii cu ou conform instrucțiunilor de pe capetele pachetelor.

4. Scoateți amestecul de carne de pe foc, amestecați cu smântână și pătrunjel.

5. Serviți peste tăiței cu ou.

Porții de coaste picante: 4

Timp de gătire: 65 minute

Ingrediente:

2 lire sterline. Coaste de vițel

1 ½ linguriță ulei de măsline

1 ½ lingură sos de soia

1 lingură sos Worcestershire

1 lingura stevia

1 ¼ cană ceapă tocată.

1 lingurita de usturoi tocat

1/2 cană de vin roșu

⅓ cană de ketchup, neîndulcit

Sare si piper negru dupa gust

Adrese:

1. Tăiați coastele în 3 segmente și frecați-le cu piper negru și sare.

2. Adăugați ulei în Instant Pot și apăsați Saute.

3. Puneți coastele în ulei și prăjiți timp de 5 minute pe fiecare parte.

4. Adăugați ceapa și prăjiți timp de 4 minute.

5. Adăugați usturoiul și gătiți timp de 1 minut.

6. Bateți restul ingredientelor într-un bol și turnați peste coaste.

7. Puneți capacul sub presiune și gătiți în modul manual la presiune mare timp de 55 de minute.

8. Când ați terminat, eliberați presiunea în mod natural, apoi scoateți capacul.

9. Serviți cald.

<u>Informatii nutritionale:</u>Calorii 555, carbohidrați 12,8 g, proteine 66,7 g, grăsimi 22,3 g, fibre 0,9 g

Supă cu tăiței cu pui fără gluten Porții: 4

Timp de gătire: 25 minute

Ingrediente:

¼ cană ulei de măsline extravirgin

3 tulpini de țelină, tăiate în felii de 1 inch

2 morcovi medii, tăiați în cuburi de 1 inch

1 ceapă mică, tăiată în cuburi de un inch

1 crenguță de rozmarin proaspăt

4 căni de supă de pui

8 uncii penne fără gluten

1 lingurita sare

¼ de lingurita piper negru proaspat macinat

2 căni de pui friptură tăiat cubulețe

¼ de cană de pătrunjel proaspăt tocat mărunt<u>Adrese:</u>

1. Încinge uleiul la foc mare într-o tigaie mare.

2. Adăugați țelina, morcovii, ceapa și rozmarinul și gătiți până se înmoaie, 5 până la 7 minute.

3. Adăugați bulion, penne, sare și piper și gătiți.

4. Aduceți la fiert și gătiți până când penne este fraged, 8 până la 10 minute.

5. Scoateți și aruncați crenguța de rozmarin și adăugați puiul și pătrunjelul.

6. Reduceți căldura. Gatiti in 5 minute si serviti.

Informatii nutritionale:Calorii 485 Grăsimi totale: 18 g Carbohidrați totale: 47 g Zahăr: 4 g Fibre: 7 g Proteine: 33 g Sodiu: 1423 mg

Curry de linte Porții: 4

Timp de gătire: 40 de minute

Ingrediente:

2 lingurițe de semințe de muștar

1 lingurita Turmeric, macinat

1 cană de linte, înmuiată

2 lingurițe de semințe de chimen

1 roșie, mare și tocată

1 ceapa galbena, tocata marunt

4 căni de apă

Sare de mare, dacă este necesar

2 morcovi, tăiați în jumătăți de lună

3 pumni de frunze de spanac, maruntite

1 lingurita de ghimbir, tocat marunt

½ linguriță de pudră de chili

2 linguri. ulei de cocos

Adrese:

1. Mai întâi, puneți fasolea mung și apa într-o cratiță adâncă la foc mediu.

2. Acum aduceți amestecul de fasole la fiert și aduceți la fiert.

3. Se fierbe timp de 20 până la 30 de minute sau până când fasolea mung este fragedă.

4. În continuare, încălziți uleiul de cocos într-o tigaie mare la foc mediu și adăugați muștarul și semințele de chimen.

5. Când semințele de muștar apar, adăugați ceapa. Prăjiți ceapa pentru 4

minute sau până se înmoaie.

6. Adăugați usturoiul și prăjiți încă 1 minut.

Odată aromat, puneți cu lingură pudra de turmeric și chili.

7. Apoi adăugați morcovul și roșia. Gatiti timp de 6 minute sau pana se inmoaie.

8. La final, adauga lintea fiarta si amesteca totul bine.

9. Adăugați frunze de spanac și gătiți până se înmoaie. A se păstra departe de căldură. Serviți cald și bucurați-vă.

<u>Informatii nutritionale:</u>Calorii 290 Kcal Proteine: 14 g Carbohidrați: 43 g Grăsimi: 8 g

Pui și mazăre prăjiți porții: 4

Timp de preparare: 10 minute

Ingrediente:

1 ¼ cană piept de pui fără piele, feliat subțire 3 linguri coriandru proaspăt, tocat

2 linguri ulei vegetal

2 linguri de seminte de susan

1 buchet de arpagic, feliat subtire

2 lingurite de Sriracha

2 catei de usturoi, tocati

2 linguri de oțet de orez

1 ardei gras, feliat subțire

3 linguri de sos de soia

2½ căni de mazăre de zăpadă

Sarat la gust

Piper negru proaspăt măcinat, după gust

Adrese:

1. Încinge uleiul într-o tigaie la foc mediu. Adăugați usturoiul și arpagicul tăiat subțire. Gatiti un minut, apoi adaugati 2 ½ cani de mazare snap impreuna cu ardeiul gras. Gatiti pana se inmoaie, aproximativ 3-4 minute.

2. Adăugați pui și gătiți aproximativ 4-5 minute, sau până când este fiert.

3. Adăugați 2 lingurițe de Sriracha, 2 linguri de semințe de susan, 3 linguri de sos de soia și 2 linguri de oțet de orez. Se amestecă totul până se amestecă bine. Gatiti la foc mic timp de 2-3 minute.

4. Adăugați 3 linguri de coriandru tocat și amestecați bine. Transferați și stropiți cu semințe de susan și coriandru suplimentare, dacă este necesar. Bucură-te!

Informatii nutritionale:228 calorii 11 g grăsimi 11 g carbohidrați totali 20 g proteine

Broccolini suculent cu migdale și hamsii Porții: 6

Timp de preparare: 10 minute

Ingrediente:

2 legături de broccolini, tăiate

1 lingura ulei de masline extravirgin

1 ardei iute roșu lung proaspăt, fără semințe, tăiați mărunt 2 căței de usturoi, feliați subțiri

¼ cana migdale naturale, tocate grosier

2 lingurite coaja de lamaie, rasa fin

Un strop de suc de lamaie, proaspat

4 hamsii in ulei, tocate marunt

Adrese:

1. Încinge uleiul într-o tigaie mare până se încinge. Adăugați anșoa scursă, usturoiul, ardeiul iute și coaja de lămâie. Gatiti pana devine aromat, aproximativ 30

secunde și amestecați frecvent. Adăugați migdalele și gătiți încă un minut, amestecând des. Se ia de pe foc si se adauga un strop de suc proaspat de lamaie.

2. Puneți broccolini într-un coș de aburi peste o cratiță cu apă clocotită. Acoperiți și gătiți până devine crocant, aproximativ 2

până la 3 minute. Scurgeți bine și transferați într-un castron mare de servire. Acoperiți cu amestecul de migdale. bucurându-se.

Informatii nutritionale:kcal 350 Grăsimi: 7 g Fibre: 3 g Proteine: 6 g

Porții de shiitake și chifteluțe cu spanac: 8

Timp de preparare: 15 minute

Ingrediente:

1 ½ cană de ciuperci shiitake, tocate

1 ½ cană de spanac, tocat

3 catei de usturoi, tocati

2 cepe, tocate mărunt

4 lingurite ulei de masline

1 ou

1 ½ cană de quinoa, fiartă

1 lingurita condimente italiene

1/3 cană semințe de floarea soarelui prăjite, măcinate

1/3 cană brânză Pecorino, rasă

Adrese:

1. Încinge ulei de măsline într-o tigaie. Când ciupercile shiitake sunt fierbinți, se călesc timp de 3 minute sau până se rumenesc ușor. Adăugați usturoiul și

ceapa. Gatiti timp de 2 minute sau pana cand este parfumat si translucid. Pune deoparte.

2. În aceeași tigaie, încălziți uleiul de măsline rămas. Adăugați spanacul. Reduceți căldura, fierbeți 1 minut, scurgeți și transferați într-o strecurătoare.

3. Se toaca marunt spanacul si se adauga la amestecul de ciuperci. Adăugați oul în amestecul de spanac. Adăugați quinoa fiartă, condimentați cu condimente italiene și amestecați până se omogenizează bine. Se presara cu seminte de floarea soarelui si branza.

4. Împărțiți amestecul de spanac în chifteluțe; gătiți clătite în 5

minute sau până când devine ferm și auriu. Serviți cu chiflă de hamburger.

Informatii nutritionale:Calorii 43 Carbohidrați: 9 g Grăsimi: 0 g Proteine: 3 g

Salată de broccoli și conopidă Porții: 6

Timp de preparare: 20 de minute

Ingrediente:

¼ lingurita piper negru, macinat

3 cesti buchetele de conopida

1 lingura. Oțet

1 lingurita miere

8 cani de varza varza, tocata

3 căni de buchețele de broccoli

4 linguri ulei de măsline extravirgin

½ linguriță Sărat

1 lingurita mustar de Dijon

1 lingurita miere

½ cană de cireșe, uscate

1/3 cană nuci pecan, tocate

1 cană brânză manchego, rasă

Adrese:

1. Preîncălziți cuptorul la 450 F și puneți o foaie de copt pe grătarul din mijloc.

2. Apoi puneți conopida și buchețelele de broccoli într-un castron mare.

3. Pentru a face acest lucru, adăugați jumătate din sare, două linguri de ulei și piper. Trage bine.

4. Acum transferați amestecul pe farfuria preîncălzită și coaceți timp de 12 minute, răsturnând o dată la mijloc.

5. Odată ce sunt moale și aurii, se scot din cuptor și se lasă să se răcească complet.

6. Între timp, amestecați cele două linguri rămase de ulei, oțet, miere, muștar și sare într-un alt castron.

7. Aplicați acest amestec pe frunzele de varză mișcându-vă mâinile cu mâinile. Pune-l deoparte timp de 3 până la 5 minute.

8. La final, adăugați legumele prăjite, brânza, cireșele și nucile în salata de broccoli și conopidă.

Informatii nutritionale:Calorii: 259 Kcal Proteine: 8,4 g Carbohidrați: 23,2 g Grăsimi: 16,3 g

Salată de pui cu o răsucire chinezească Porții: 3

Timp de gătire: 25 minute

Ingrediente:

1 ceapă verde medie (tăiată subțire)

2 piept de pui dezosat

2 linguri de sos de soia

¼ lingurita piper alb

1 lingura ulei de susan

4 cesti salata romana (tocata)

1 cap de varză (mărunțită)

¼ cană morcov mărunțit

¼ de cană de migdale feliate subțire

¼ cană tăiței (doar pentru servire)

Pentru a pregăti dressingul chinezesc:

1 catel de usturoi tocat

1 lingurita sos de soia

1 lingura ulei de susan

2 linguri de oțet de orez

1 lingura de zahar

Adrese:

1. Pregătiți dressingul chinezesc amestecând toate ingredientele într-un bol.

2. Marinați piepții de pui într-un castron cu usturoi, ulei de măsline, sos de soia și piper alb timp de 20 de minute.

3. Pune vasul de copt în cuptorul preîncălzit (la 225C).

4. Așezați piepții de pui în tava de copt și coaceți aproximativ 20 de minute.

minute.

5. Pentru a asambla salata, combinați salata romană, varza, morcovii și ceapa verde.

6. Inainte de servire asezati o bucata de pui pe o farfurie si salata deasupra. Turnați puțin din dressing lângă tăiței.

<u>Informatii nutritionale:</u>Calorii 130 Carbohidrați: 10 g Grăsimi: 6 g Proteine: 10 g

Ardei umpluți cu amarant și quinoa Porții: 4

Timp de gătire: 1 oră și 10 minute

Ingrediente:

2 linguri de amarant

1 dovlecel mediu, feliat, ras

2 roșii coapte, tăiate cubulețe

2/3 cană (aproximativ 135 g) quinoa

1 ceapa, medie, tocata marunt

2 catei de usturoi macinati

1 lingurita chimen macinat

2 linguri seminte de floarea soarelui prajite usor 75g ricotta, proaspata

2 linguri de coacaze

4 ardei gras mari, taiati in jumatate pe lungime si fara seminte 2 linguri patrunjel cu frunze plate, tocat grosierAdrese:

1. Tapetați o foaie de copt, de preferință una mare, cu hârtie de copt (antiaderență), apoi preîncălziți cuptorul la 350 F în avans. Umpleți o cratiță medie cu aproximativ un litru de apă, apoi adăugați amarantul și quinoa; se

aduce la fierbere la foc mediu. Când ați terminat, reduceți căldura la minim; acoperiți și fierbeți până când fasolea este al dente și apa a fost absorbită, 12 până la 15

minute. Se ia de pe foc si se da deoparte.

2. Între timp, ungeți ușor o tigaie mare cu ulei și încălziți la foc mediu. Odată fierbinți, adăugați ceapa și dovlecelul și gătiți până se înmoaie, câteva minute, amestecând des. Adăugați chimen și usturoi; gătiți timp de un minut. Se ia de pe foc si se lasa sa se raceasca.

3. Asezati boabele, amestecul de ceapa, semintele de floarea soarelui, coacaze, patrunjel, ricotta si rosii intr-un bol de mixare, de preferat unul mare; Se amestecă bine ingredientele, se condimentează cu sare și piper.

4. Umpleți ardeii cu amestecul de quinoa preparat și așezați-l pe tava de copt, acoperind tava cu folie de aluminiu. Coaceți de la 17 la 20

minute. Scoateți folia și coaceți până când umplutura devine maro aurie și legumele sunt gătite, încă 15 până la 20 de minute.

<u>Informatii nutritionale:</u>kcal 200 Grăsimi: 8,5 g Fibre: 8 g Proteine: 15 g

File de pește cu crustă de brânză crocantă
Porții: 4

Timp de preparare: 10 minute

Ingrediente:

¼ cană pesmet de grâu integral

¼ cană parmezan, ras

¼ linguriță sare de mare ¼ linguriță piper măcinat

1 lingura. File de tilapia 4 bucati in ulei de masline

Adrese:

1. Preîncălziți cuptorul la 375°F.

2. Adăugați pesmet, parmezan, sare, piper și ulei de măsline într-un castron.

3. Amesteca bine pana se omogenizeaza bine.

4. Ungeți fileurile cu amestec și puneți fiecare pe o tavă de copt ușor pulverizată.

5. Pune tava la cuptor.

6. Coaceți timp de 10 minute până când fileurile sunt gătite și abia încep să se rumenească.

Informatii nutritionale:Calorii: 255 Grăsimi: 7 g Proteine: 15,9 g

Carbohidrați: 34 g Fibre: 2,6 g

Fasole Protein Power și coji umplute verzi

Ingrediente:

sare regală sau de mare

Ulei de masline

12 oz. ambalați scoici de scoici (aproximativ 40) 1 lb. spanac despicat congelat

2 până la 3 căței de usturoi, curățați și împărțiți

15 până la 16 uncii cheddar ricotta (ideal lapte plin/intreg) 2 ouă

1 cutie de fasole albă (de exemplu, cannellini), golită și clătită

½ cană pesto verde, făcut la comandă sau cumpărat local Piper negru măcinat

3 cani (sau mai mult) sos marinara

Parmezan măcinat sau brânză Cheddar Pecorino (opțional)Adrese:

1. Se încălzește cel puțin 5 litri de apă până la fierbere într-o oală mare (sau se formează două aglomerate mai mici). Se adauga o lingura de sare, un strop de ulei de masline si cojile. Barboti aproximativ 9 minute (sau pana la finalul este inca putin setat), amestecand sporadic pentru a pastra cojile izolate. Scoateți cu grijă cojile într-o strecurătoare sau scoateți-le din apă cu

o lingură deschisă. Se spala rapid cu apa rece. Acoperiți o plită fierbinte cu ramă cu folie alimentară. Odată ce cojile sunt suficient de reci pentru a fi manipulate, separați-le cu mâna, aruncați orice exces de apă și aranjați-le într-un singur strat în tava. Intindeti cu folie transparenta putin cate putin dupa ce este practic rece.

2. Aduceți câteva litri de apă (sau folosiți apa rămasă pentru paste, dacă nu ați aruncat-o) într-un balon într-o oală similară. Adăugați spanacul congelat și gătiți la foc mare timp de trei minute, până când se înmoaie. Tapetați strecurătoarea cu prosoape de hârtie înmuiate dacă golurile sunt susceptibile să fie mari, moment în care veți canaliza spanacul. Puneți o strecurătoare peste un bol pentru a se scurge mai mult pe măsură ce începeți să umpleți.

3. Adăugați doar usturoiul într-un robot de bucătărie și bateți până se toacă mărunt și se lipește de părți. Răzuiți părțile laterale ale bolului, moment în care ricotta, ouăle, fasolea, pesto, 1½

lingurițe de sare și câteva picături de piper (o stoarcere mare). Strângeți spanacul în mâner pentru a permite scurgerea corectă a apei în suprafață, apoi adăugați diverse accesorii în robotul de bucătărie. Întoarceți până aproape omogen, cu câteva bucăți mici de spanac încă vizibile. Tind să nu gust după ce adaug oul crud, dar în cazul în care credeți că aroma de bază este puțin dezactivată și ajustați aroma după gust.

4. Preîncălziți grătarul la 350 (F) și pulverizați sau ungeți ușor o suprafață de 9 x 13"

tigaie, lângă un alt vas de gulaș mai mic (aproximativ 8-10 dintre coji nu vor încăpea în 9 x 13). Pentru a umple cojile, luați fiecare cochilie pe rând și țineți-o deschisă cu degetul mare și arătătorul mâinii voastre nedominante. Scoateți 3 până la 4 linguri pline cu cealaltă mână și răzuiți pielea. Majoritatea nu vor arăta prea bine, ceea ce este un lucru bun! Puneți cojile umplute împreună în recipientul gata. Turnați sosul peste coji, lăsând bucăți inconfundabile din umplutura verde. Întinde recipientul strâns și fierbe timp de 30 de minute. Creșteți căldura la 375 (F), presărați cojile cu niște parmezan ras (dacă este folosit) și încălzește-l pentru încă 5

până la 10 minute până când brânza cheddar se dizolvă și se reduce excesul de umiditate.

5. Se da la frigider pentru 5-10 minute, apoi se serveste curat sau cu o farfurie proaspata de verdeata amestecata, ca urmare.

Ingrediente pentru salata cu taitei asiatici:

8 uncii lungime de tăiței ușoare de paste integrale de grâu, cum ar fi spaghete (utilizați tăiței soba pentru a face fără gluten) 24 uncii Mann's Broccoli Slaw - 2 pungi de 12 uncii 4 uncii morcovi mărunțiți

1/4 cană ulei de măsline extravirgin

1/4 cană oțet de orez

3 linguri de nectar – folosește nectar ușor de agave pentru a deveni vegetarian

3 linguri de crema neteda de nuca

2 linguri de sos de soia cu conținut scăzut de sodiu, fără gluten dacă este necesar 1 lingură de sos de ardei Sriracha sau sos de usturoi chili, după gust

1 lingura de ghimbir nou tocat marunt

2 lingurite de usturoi tocat - aproximativ 4 catei 3/4 cana alune prajite nesarate, de obicei tocate 3/4 cana coriandru nou - tocate fin

Adrese:

1. Încinge o oală mare cu apă cu sare pană la fiert. Gătiți tăițeii până când sunt încă puțin fermi, așa cum este indicat pe titlurile pachetului. Țevi și clătește rapid sub apă rece pentru a îndepărta excesul de amidon și pentru a

opri gătitul, moment în care se transferă într-un castron mare de servire. Adauga salata de varza cu broccoli si morcovi.

2. În timp ce pastele se gătesc, amestecați împreună uleiul de măsline, oțetul de orez, nectarul, pasta de nucă, sosul de soia, Sriarcha, ghimbirul și usturoiul. Se toarnă peste amestecul de tăiței și se amestecă pentru a se consolida. Adăugați alunele și coriandru și amestecați din nou. Se servește rece sau la temperatura camerei cu sos Sriracha suplimentar, dacă se dorește.

3. Note de formulă

4. Salata cu taitei asiatici poate fi servita rece sau la temperatura camerei.

Se va păstra la frigider într-un recipient etanș cu apă/aer până la 3 zile.

Porții de somon și fasole verde: 4

Timp de gătire: 26 minute

Ingrediente:

2 linguri de ulei de măsline

1 ceapa galbena, tocata

4 fileuri de somon, dezosate

1 cană de fasole verde, tăiată și tăiată la jumătate

2 catei de usturoi, tocati

½ cană supă de pui

1 lingurita pudra de chili

1 lingurita boia dulce

Un praf de sare si piper negru

1 lingura coriandru, tocat marunt

Adrese:

1. Se încălzește o tigaie cu ulei la foc mediu, se adaugă ceapa, se amestecă și se prăjește timp de 2 minute.

2. Adăugați peștele și prăjiți 2 minute pe fiecare parte.

3. Adăugați restul ingredientelor, amestecați ușor și coaceți la 360 de grade F timp de 20 de minute.

4. Împărțiți totul în farfurii și serviți la prânz.

Informatii nutritionale:calorii 322, grăsimi 18,3, fibre 2, carbohidrați 5,8, proteine 35,7

Ingrediente de pui umplut cu branza:

2 cepe primare (tacate subtiri)

2 jalapenos cu seminte (macra taiate felii)

1/4 cană coriandru

1 lingurita de pizza cu lime

4 uncii. Cheddar Monterey Jack (măcinat grosier) 4 piept mici de pui dezosați

3 linguri ulei de masline

Sărat

Piper

3 linguri suc de lamaie

2 ardei grasi (tocati marunt)

1/2 ceapă roșie mică (tăiată subțire)

5c. salata romana sparta

Adrese:

1. Încălziți broilerul la 450 ° F. Într-un castron, combinați ceapă verde și jalapeños cu semințe, 1/4 cană de coriandru (rupt) și lime pentru a crește, apoi amestecați cu brânză cheddar Monterey Jack.

2. Introduceți cuțitul în partea cea mai groasă a fiecărui piept de pui dezosat, mișcându-se înainte și înapoi pentru a face un buzunar cât mai larg posibil de 2 1/2 inch, fără a se descuața. Umpleți puiul cu amestecul de brânză cheddar.

3. Încinge 2 linguri de ulei de măsline într-o tigaie mare la foc mediu.

Asezonați puiul cu sare și piper și gătiți până se rumenește puternic pe o parte, 3 până la 4 minute. Întoarceți puiul și grătar până când este gătit, 10 până la 12 minute.

4. Între timp, într-un castron mare, amestecați sucul de lămâie, 1

lingura de ulei de masline si 1/2 lingurita de sare. Adăugați ardeiul gras roșu și ceapa roșie și lăsați să stea 10 minute, amestecând din când în când. Se amestecă cu salată romană și 1 cană de coriandru proaspăt. Serviți cu pui și felii de lime.

Rucola cu sos de gorgonzola Porții: 4

Timp de preparare: 0 minute

Ingrediente:

1 buchet de rucola, curatata

1 pară, feliată subțire

1 lingura suc proaspat de lamaie

1 cățel de usturoi, zdrobit

1/3 cană brânză Gorgonzola, mărunțită

1/4 cană bulion de legume, cu conținut scăzut de sodiu

piper proaspăt măcinat

4 lingurite de ulei de masline

1 lingura otet de cidru

Adrese:

1. Puneți feliile de pere și sucul de lămâie într-un bol. Aruncă pentru a acoperi.

Aranjați feliile de pere, împreună cu rucola, într-un bol.

2. Amesteca intr-un castron otetul, uleiul, branza, bulionul, piperul si usturoiul. Lasam sa stea 5 minute, scoatem usturoiul. Puneți dressingul și serviți.

Informatii nutritionale:Calorii 145 Carbohidrați: 23 g Grăsimi: 4 g Proteine: 6 g

Porții de supă de varză: 6

Timp de gătire: 35 minute

Ingrediente:

1 ceapa galbena, tocata

1 cap de varză verde, mărunțită

2 linguri de ulei de măsline

5 căni de bulion de legume

1 morcov, decojit și ras

Un praf de sare si piper negru

1 lingura coriandru, tocat marunt

2 lingurite de cimbru, tocat marunt

½ lingurita boia afumata

½ lingurita boia iute

1 lingura suc de lamaie

Orez cu conopidă Porții: 4

Timp de preparare: 10 minute

Ingrediente:

¼ cană ulei de gătit

1 lingura. ulei de cocos

1 lingura. zahăr de cocos

4 cani de conopida taiata in buchete ½ lingurita. Sărat

Adrese:

1. Mai întâi, procesează conopida într-un robot de bucătărie și măcinați timp de 1 până la 2 minute.

2. Încinge uleiul într-o tigaie mare la foc mediu și adaugă orezul de conopidă, zahărul de cocos și sare.

3. Se amestecă bine și se fierbe timp de 4 până la 5 minute sau până când conopida este ușor moale.

4. La final, turnați laptele de cocos și savurați.

Informatii nutritionale:Calorii 108 Kcal Proteine: 27,1 g Carbohidrați: 11 g Grăsimi: 6 g

Frittata Feta & Spanac Porții: 4

Timp de preparare: 10 minute

Ingrediente:

½ ceapă maronie mică

250 g baby spanac

½ cană brânză feta

1 lingura pasta de usturoi

4 oua batute

amestec de plante

Sare si piper dupa gust

1 lingura ulei de masline

Adrese:

1. Adaugati o ceapa fin in ulei si caliti la foc mediu.

2. Adauga spanacul la ceapa rumenita usor si se caleste 2 minute.

3. În ouă, adăugați amestecul de spanac și ceapă răcită.

4. Acum adăugați pasta de usturoi, sare și piper și amestecați amestecul.

5. Gatiti acest amestec la foc mic si amestecati usor ouale.

6. Adăugați feta în ouă și puneți tigaia sub grătarul deja preîncălzit.

7. Gatiti aproximativ 2-3 minute pana cand frittata devine maro auriu.

8. Serveste aceasta frittata feta calda sau rece.

Informatii nutritionale:Calorii 210 Carbohidrați: 5 g Grăsimi: 14 g Proteine: 21 g

Autocolante pentru oală de pui de ardere

Ingrediente:

1 kilogram de pui măcinat

1/2 cană varză mărunțită

1 morcov, eviscerat și distrus

2 catei de usturoi, macinati

2 cepe verde, feliate subțiri

1 lingura sos de soia cu sodiu redus

1 lingura sos hoisin

1 lingura de ghimbir macinat natural

2 lingurite de ulei de susan

1/4 lingurita piper alb macinat

36 de tone câștigate de ambalaje

2 linguri ulei vegetal

PENTRU SOS DE ULEI DE ARDEI IARD:

1/2 cană ulei vegetal

1/4 cană ardei gras roșu uscat, zdrobit

2 catei de usturoi, tocati

Adrese:

1. Încinge ulei vegetal într-o cratiță la foc mediu. Adăugați ardeiul zdrobit și usturoiul, amestecând ocazional, până când uleiul atinge 180 de grade F, aproximativ 8 până la 10 minute; pune într-un loc sigur.

2. Într-un castron mare, puneți puiul, varza, morcovul, usturoiul, ceapa verde, sosul de soia, sosul hoisin, ghimbirul, uleiul de susan și piper alb.

3. Pentru a asambla chiftelele, așezați ambalajele pe o suprafață de lucru.

Așezați 1 lingură de amestec de pui în punctul focal al fiecărui înveliș. Frecați marginile ambalajelor cu apă cu degetul. Îndoiți amestecul peste umplutură pentru a forma o semilună, ciupind marginile pentru a sigila.

4. Încinge ulei vegetal într-o tigaie mare la foc mediu.

Adăugați găluște într-un singur strat și gătiți până când sunt strălucitoare și crocante, aproximativ 2-3 minute pe fiecare parte.

5. Serviți rapid cu sos de ulei de tocană fierbinte.

Creveți cu usturoi cu conopidă măruntită Porții: 2

Timp de preparare: 15 minute

Ingrediente:

Pentru a pregăti creveții

1 kilogram de creveți

2-3 linguri condimente cajun

Sărat

1 lingura unt/ghee

Pentru a găti nisip de conopidă

2 linguri de unt

12 uncii de conopidă

1 catel de usturoi

Sarat la gust

Adrese:

1. Fierbeți conopida și usturoiul în 8 uncii de apă la foc mediu până când se înmoaie.

2. Pulsați conopida tânără în robotul de bucătărie cu ghee. Adăugați treptat apă clocotită pentru a obține consistența potrivită.

3. Presărați 2 linguri de condiment cajun peste creveți și marinați.

4. Într-o tigaie mare, luați 3 linguri de ghee și gătiți creveții la foc mediu.

5. Pune o lingură mare de granule de conopidă într-un castron cu creveți prăjiți.

Informatii nutritionale:Calorii 107 Carbohidrați: 1 g Grăsimi: 3 g Proteine: 20 g

Ton cu broccoli portii: 1

Timp de preparare: 10 minute

Ingrediente:

1 lingurita ulei de masline extravirgin

3 oz. Ton în apă, de preferință ușor și gros, scurs 1 lingură. nuci, tocate grosier

2 cani de broccoli, tocat marunt

½ lingurita sos iute

Adrese:

1. Începeți prin a amesteca broccoli, ierburile și tonul într-un castron mare până se omogenizează bine.

2. Apoi dați legumele la cuptor pentru 3 minute sau până sunt fierte

3. Apoi amestecați nucile și uleiul de măsline în bol și amestecați bine.

4. Serviți și savurați.

<u>Informatii nutritionale:</u>Calorii 259 Kcal Proteine: 27,1 g Carbohidrați: 12,9 g Grăsimi: 12,4 g

Supă de dovleac cu creveți Porții: 4

Timp de preparare: 20 de minute

Ingrediente:

3 linguri de unt nesarat

1 ceapa rosie mica, tocata marunt

1 cățel de usturoi, feliat

1 lingurita de turmeric

1 lingurita sare

¼ de lingurita piper negru proaspat macinat

3 căni de bulion de legume

2 căni de dovleac decojit tăiat în cuburi de ¼ inch 1 kilogram de creveți fierți decojiți, decongelați dacă este necesar 1 cană de lapte de migdale neîndulcit

¼ cană migdale feliate (opțional)

2 linguri de pătrunjel proaspăt tocat mărunt 2 lingurițe de coajă de lămâie rasă sau tocată

Adrese:

1. Dizolvați untul într-o cratiță mare la foc mare.

2. Adăugați ceapa, usturoiul, turmericul, sare și piper și gătiți până când legumele sunt moi și translucide, 5 până la 7 minute.

3. Adăugați bulionul și dovleceii și gătiți.

4. Se fierbe timp de 5 minute.

5. Adăugați creveții și laptele de migdale și gătiți până se încălzesc, aproximativ 2 minute.

6. Presărați migdale (dacă folosiți), pătrunjel și coaja de lămâie și serviți.

<u>Informatii nutritionale:</u>Calorii 275 Grăsimi totale: 12 g Carbohidrați totale: 12 g Zahăr: 3 g Fibre: 2 g Proteine: 30 g Sodiu: 1665 mg

Biluțe de curcan la cuptor sărate Porții: 6

Timp de preparare: 30 minute

Ingrediente:

1 kilogram de curcan măcinat

½ cană pesmet proaspăt alb sau din grâu integral ½ cană brânză parmezan, proaspăt ras

½ lingură busuioc, proaspăt tocat

½ lingură de oregano, proaspăt tocat

1 bucată de ou mare, bătut

1 lingura. patrunjel, proaspat tocat

3 linguri de lapte sau apa

Un praf de sare si piper

Un praf de nucsoara proaspat rasa

Adrese:

1. Preîncălziți cuptorul la 350°F.

2. Tapetați două forme de copt cu hârtie de copt.

3. Combinați toate ingredientele într-un castron mare.

4. Modelați amestecul în bile de 1 inch și puneți fiecare bila pe tava de copt.

5. Pune tava la cuptor.

6. Coaceți timp de 30 de minute sau până când curcanul este gătit și suprafețele sunt aurii.

7. Întoarceți chiftelele o dată la jumătatea gătitului.

<u>Informatii nutritionale:</u>Calorii: 517 CalVet: 17,2 g Proteine: 38,7 g Carbohidrați: 52,7 g Fibre: 1 g

Cioda de scoici limpede Porții: 4

Timp de preparare: 15 minute

Ingrediente:

2 linguri de unt nesarat

2 morcovi medii, tăiați în bucăți de un inch

2 tulpini de telina, feliate subtiri

1 ceapă roșie mică, tăiată în cuburi de 1 inch

2 catei de usturoi, taiati felii

2 căni de bulion de legume

1 sticlă (8 uncii) de suc de scoici

1 conserve (10 uncii) de scoici

½ linguriță de cimbru uscat

½ lingurita sare

¼ de lingurita piper negru proaspat macinat

Adrese:

1. Dizolvați untul într-o cratiță mare la foc mare.

2. Adăugați morcovii, țelina, ceapa și usturoiul și gătiți timp de 2 până la 3 minute până se înmoaie.

3. Adăugați bulion și sucul de scoici și gătiți.

4. Aduceți la fiert și gătiți până când morcovii sunt fragezi, 3 până la 5 minute.

5. Adăugați scoici și sucul lor, cimbru, sare și piper, încălziți 2-3 minute și serviți.

<u>Informatii nutritionale:</u>Calorii 156 Grăsimi totale: 7 g Carbohidrați totale: 7 g Zahăr: 3 g Fibre: 1 g Proteine: 14 g Sodiu: 981 mg

Orez cu pui porții: 4

Timp de gătire: 25 minute

Ingrediente:

1 liră sterlină. piept de pui crescător în aer liber, orez brun dezosat, fără piele

¾ de kilogram de ciuperci la alegere, feliate

1 praz, feliat

¼ cană migdale mărunțite

1 cană de apă

1 lingura. ulei de masline

1 cană de fasole verde

½ cană oțet de mere

2 linguri. făină universală

1 cană de lapte, cu conținut scăzut de grăsimi

¼ cană brânză parmezan, proaspăt rasă

¼ cană smântână

Un praf de sare de mare, mai adauga daca este nevoie

piper negru măcinat, după gust

Adrese:

1. Turnați orezul brun într-o oală. Adaugă apă. Acoperiți și aduceți la fiert. Reduceți focul și fierbeți timp de 30 de minute sau până când orezul este fraged.

2. Între timp, într-o tigaie, adăugați pieptul de pui și turnați apă cât să se acopere - asezonați cu sare. Aduceți amestecul la fierbere, reduceți focul și fierbeți timp de 10 minute.

3. Tocați puiul. Pune deoparte.

4. Încinge uleiul de măsline. Gatiti prazul pana se inmoaie. Adăugați ciupercile.

5. Turnați oțet de mere în amestec. Prăjiți amestecul până când oțetul s-a evaporat. Adăugați făina și laptele în tigaie.

Se presara parmezan deasupra si se adauga smantana. Asezonați cu piper negru.

6. Preîncălziți cuptorul la 350 de grade F. Ungeți ușor o tigaie cu ulei.

7. Întindeți orezul fiert în cratiță și acoperiți cu puiul mărunțit și fasolea verde. Adăugați ciupercile și sosul de praz.

Adăugați migdale.

8. Coaceți în 20 de minute sau până când se rumenesc. Lasati sa se raceasca inainte de servire.

Informatii nutritionale:Calorii 401 Carbohidrați: 54 g Grăsimi: 12 g Proteine: 20 g

Jambalaya de creveți soți Porții: 4

Timp de preparare: 30 minute

Ingrediente:

10 oz. creveți medii, decojiți

¼ cană țelină tocată ½ cană ceapă tocată

1 lingura. ulei sau unt ¼ lingurita de usuroi, tocat marunt

¼ linguriță sare de ceapă sau sare de mare

⅓ cană sos de roșii ½ linguriță boia afumată

½ linguriță sos Worcestershire

⅔ cană morcovi tocați

1¼ cani de cârnați de pui, pregătiți și tăiați cubulețe 2 căni de linte, înmuiate peste noapte și prefierți 2 căni de bame, tocate

Un praf de piper rosu macinat si piper negru parmezan, ras pentru topping (optional)Adrese:

1. Sotește creveții, țelina și ceapa în ulei într-o cratiță la foc mediu timp de cinci minute sau până când creveții devin roz.

2. Adăugați restul ingredientelor și continuați coacerea timp de 10

minute sau până când legumele sunt fragede.

3. Înainte de servire, împărțiți amestecul de jambalaya în patru boluri de servire.

4. Presărați cu piper și brânză dacă doriți.

Informatii nutritionale:Calorii: 529 Grăsimi: 17,6 g Proteine: 26,4 g Carbohidrați: 98,4 g Fibre: 32,3 g

Porții de pui chili: 6

Timp de gătire: 1 oră

Ingrediente:

1 ceapa galbena, tocata

2 linguri de ulei de măsline

2 catei de usturoi, tocati

1 kg piept de pui, fără piele, dezosat și tăiat cubulețe 1 ardei gras verde, tocat

2 căni de supă de pui

1 lingura pudra de cacao

2 linguri praf de chili

1 lingurita boia afumata

1 cana rosii conservate, tocate

1 lingura coriandru, tocat marunt

Un praf de sare si piper negru

Adrese:

1. Se incinge o tigaie cu ulei la foc mediu, se adauga ceapa si usturoiul si se calesc 5 minute.

2. Se adauga carnea si se rumeneste inca 5 minute.

3. Adăugați restul ingredientelor, amestecați și gătiți la foc mediu timp de 40 de minute.

4. Împărțiți chili-ul în boluri și serviți la prânz.

<u>Informatii nutritionale:</u>Calorii 300, grăsimi 2, fibre 10, carbohidrați 15, proteine 11

Supă de linte cu usturoi Porții: 4

Timp de preparare: 15 minute

Ingrediente:

2 linguri ulei de masline extravirgin

2 morcovi medii, feliați subțiri

1 ceapă albă mică, tăiată în cuburi de 1 inch

2 catei de usturoi, feliati subtiri

1 lingurita scortisoara macinata

1 lingurita sare

¼ de lingurita piper negru proaspat macinat

3 căni de bulion de legume

1 cutie de linte, scursa si clatita 1 lingura tocata sau rasa coaja de portocala

¼ cana nuci tocate (optional)

2 linguri de patrunjel proaspat cu frunze plate tocat marunt<u>Adrese:</u>

1. Încinge uleiul la foc mare într-o tigaie mare.

2. Adăugați morcovii, ceapa și usturoiul și căleți până se înmoaie, 5 până la 7

minute.

3. Adăugați scorțișoară, sare și piper și amestecați pentru a acoperi legumele, 1 până la 2 minute uniform.

4. Se pune bulionul și se fierbe. Aduceți la fiert, apoi adăugați lintea și gătiți încă 1 minut.

5. Adăugați coaja de portocală și serviți, presărată cu nuca (dacă se folosește) și pătrunjel.

<u>Informatii nutritionale:</u>Calorii 201 Grăsimi totale: 8 g Carbohidrați totale: 22 g Zahăr: 4 g Fibre: 8 g Proteine: 11 g Sodiu: 1178 mg

Dovlecei picant și pui în prăjirea clasică Santa Fe

Porții: 2

Timp de preparare: 15 minute

Ingrediente:

1 lingura. ulei de masline

2 file de pui, feliate

1 bucată de ceapă, mică, tăiată cubulețe

2 căței de usturoi, tocați 1 dovlecel, tăiați cubulețe ½ cană morcovi, rasi

1 lingurita boia, afumata 1 lingurita chimen, macinata

½ linguriță pudră de chili ¼ linguriță sare de mare

2 linguri. suc proaspăt de lămâie

¼ cană coriandru, proaspăt tocat

Orez brun sau quinoa, la servire

Adrese:

1. Prăjiți puiul în ulei de măsline timp de aproximativ 3 minute până când puiul devine maro auriu. Pune deoparte.

2. Folosind același wok, adăugați ceapa și usturoiul.

3. Gatiti pana ce ceapa este moale.

4. Adăugați morcovii și dovleceii.

5. Amestecați amestecul și gătiți aproximativ încă un minut.

6. Adăugați toate condimentele în amestec și amestecați încă un minut pentru a găti.

7. Întoarceți puiul în wok și adăugați sucul de lămâie.

8. Amestecați pentru a găti până când sunt fierte.

9. Pentru a servi, turnați amestecul peste orez fiert sau quinoa și stropiți cu coriandru proaspăt tocat.

Informatii nutritionale:Calorii: 191 Grăsimi: 5,3 g Proteine: 11,9 g Carbohidrați: 26,3 g Fibre: 2,5 g

Tacos cu tilapia cu susan mare și salată de ghimbir

Porții: 4

Timp de preparare: 5 ore

Ingrediente:

1 lingurita de ghimbir proaspat, ras

Sare si piper negru proaspat macinat dupa gust 1 lingurita stevia

1 lingura sos de soia

1 lingura ulei de masline

1 lingura suc de lamaie

1 lingura de iaurt

1½ kilograme file de tilapia

1 cană amestec de salată de varză

Adrese:

1. Porniți Instant Pot, adăugați toate ingredientele, cu excepția fileurilor de tilapia și amestecului de salată de varză și amestecați până se omogenizează bine.

2. Apoi adăugați fileurile, amestecați până se îmbracă bine, închideți cu capacul, apăsați

butonul de gătire lent și gătiți timp de 5 ore, răsturnând fileurile la jumătate.

3. Când sunt gata, puneți fileurile într-un bol și lăsați-le să se răcească complet.

4. Pentru a pregăti masa, împărțiți amestecul de salată de varză în patru recipiente etanșe, adăugați tilapia și puneți la frigider până la trei zile.

5. Când este gata de mâncat, puneți tilapia la microunde până când este fierbinte, apoi serviți cu salată de varză.

Informatii nutritionale:Calorii 278, grăsimi totale 7,4 g, carbohidrați totale 18,6 g, proteine 35,9 g, zahăr 1,2 g, fibre 8,2 g, sodiu 194 mg

Curry de linte înăbușită Porții: 4

Timp de preparare: 15 minute

Ingrediente:

1 lingura ulei de masline

1 ceapa tocata

2 catei de usturoi, tocati

1 lingură condiment curry organic

4 căni de bulion de legume organic cu conținut scăzut de sodiu 1 cană de linte roșie

2 căni de dovleac, fierte

1 cană de varză

1 lingurita de turmeric

sare de mare dupa gust

Adrese:

1. Se caleste uleiul de masline cu ceapa si usturoiul intr-o tigaie mare la foc mediu, se adauga. Se caleste timp de 3 minute.

2. Adăugați condimente organice curry, bulion de legume și linte și aduceți la fierbere; gătiți timp de 10 minute.

3. Adăugați dovleceii fierți și kale.

4. Adăugați turmeric și sare de mare după gust.

5. Serviți fierbinte.

Informatii nutritionale:Carbohidrați totale 41 g Fibre alimentare: 13 g Proteine: 16 g Grăsimi totale: 4 g Calorii: 252

Salată Caesar de Kale cu Wrap de pui la grătar

Porții: 2

Timp de preparare: 20 de minute

Ingrediente:

6 căni de varză, tăiată în bucăți mici, ½ ou rău; Gătit

8 uncii de pui la grătar, felii subțiri

½ linguriță de muștar de Dijon

¾ cană parmezan, ras fin

piper negru

sare cușer

1 catel de usturoi tocat

1 cană de roșii cherry, tăiate în patru

1/8 cană suc de lămâie, proaspăt stors

2 tortilla mari sau două pâine plate Lavash

1 lingurita de agave sau miere

1/8 cană ulei de măsline

Adrese:

1. Combinați jumătate din oul bătut cu muștarul, usturoiul tocat, mierea, uleiul de măsline și sucul de lămâie într-un castron mare. Bateți până obțineți o consistență asemănătoare cu cea a unui dressing. Condimentați cu sare și piper.

2. Adăugați roșii cherry, pui și kale; se amestecă ușor până se îmbracă bine cu dressing, apoi se adaugă ¼ de cană de parmezan.

3. Întindeți pâine plate și împărțiți uniform salata pregătită peste burritos; stropiți fiecare cu aproximativ ¼ de cană de parmezan.

4. Rulați ambalajele și tăiați în jumătate. Serviți imediat și savurați.

<u>Informatii nutritionale:</u>kcal 511 Grăsimi: 29 g Fibre: 2,8 g Proteine: 50 g

Salată de spanac și fasole Porții: 1

Timp de preparare: 5 minute

Ingrediente:

1 cană de spanac proaspăt

¼ cană fasole neagră conservată

½ cană de năut la conserva

½ cană ciuperci cremini

2 linguri vinaigretă balsamică organică 1 lingură ulei de măsline

Adrese:

1. Gatiti ciupercile cremini cu uleiul de masline la foc mediu-mic timp de 5 minute, pana devin usor aurii.

2. Asamblati salata asezand spanacul proaspat pe o farfurie si stropiti cu fasolea, ciupercile si vinegreta balsamica.

Informatii nutritionale:Carbohidrați totale 26 g Fibre alimentare: 8 g Proteine: 9 g Grăsimi totale: 15 g Calorii: 274

Crusta de somon cu nuci si rozmarin Portii: 6

Timp de preparare: 20 de minute

Ingrediente:

1 catel de usturoi tocat marunt

1 lingură muştar de Dijon

¼ de lingură coajă de lămâie

1 lingura suc de lamaie

1 lingura rozmarin proaspat

1/2 lingura de miere

Ulei de masline

Patrunjel proaspat

3 linguri de nuci tocate

1 kilogram de somon fără piele

1 lingura ardei gras rosu proaspat macinat

Sare piper

Felii de lămâie pentru a decora

3 linguri de pesmet Panko

1 lingura ulei de masline extravirgin

Adrese:

1. Se intinde foaia de copt in cuptor si se preincalzeste la 240C.

2. Într-un castron, amestecați pasta de muștar, usturoiul, sarea, uleiul de măsline, mierea, zeama de lămâie, ardeiul roșu zdrobit, rozmarinul și piureul.

3. Combinați panko, nucile și uleiul și puneți peștele tăiat felii subțiri pe tava de copt. Stropiți uniform ulei de măsline pe ambele părți ale peștelui.

4. Turnați amestecul de nuci deasupra somonului cu amestecul de muștar deasupra.

5. Coaceți somonul aproape 12 minute. Se ornează cu pătrunjel proaspăt și felii de lămâie și se servește fierbinte.

<u>Informatii nutritionale:</u>Calorii 227 Carbohidrați: 0 g Grăsimi: 12 g Proteine: 29 g

Cartofi dulci copți cu sos tahini roșu Porții: 4

Timp de preparare: 30 minute

Ingrediente:

15 uncii de naut la conserva

4 cartofi dulci medii

½ lingură ulei de măsline

1 praf de sare

1 lingura suc de lamaie

1/2 lingura de chimen, coriandru si boia de ardei praf Pentru sosul de ierburi cu usturoi

¼ cană sos tahini

½ lingură suc de lămâie

3 catei de usturoi

Sarat la gust

Adrese:

1. Preîncălziți cuptorul la 204°C. Se amestecă năutul în sare, condimente și ulei de măsline. Întinde-le pe foaia de aluminiu.

2. Ungeți felii de cartofi dulci cu ulei, puneți deasupra fasolei marinate și prăjiți până se înmoaie.

3. Pentru sos, amestecați toate garniturile într-un bol. Adăugați puțină apă, dar păstrați-o groasă.

4. Scoateți cartofii dulci din cuptor după 25 de minute.

5. Ornați această salată de năut de cartofi dulci la cuptor cu sos picant de usturoi.

Informatii nutritionale:Calorii 90 Carbohidrați: 20 g Grăsimi: 0 g Proteine: 2 g

Supă italiană de dovleac de vară Porții: 4

Timp de preparare: 15 minute

Ingrediente:

3 linguri ulei de masline extravirgin

1 ceapă roșie mică, feliată subțire

1 catel de usturoi tocat

1 cană dovlecel ras

1 cană de dovleac galben ras

½ cană morcov ras

3 căni de bulion de legume

1 lingurita sare

2 linguri busuioc proaspăt tocat mărunt

1 lingura arpagic proaspat tocat marunt

2 linguri de nuci de pin

Adrese:

1. Încinge uleiul la foc mare într-o tigaie mare.

2. Adăugați ceapa și usturoiul și căleți până se înmoaie, 5 până la 7 minute.

3. Adăugați dovleceii, dovleceii galbeni și morcovul și gătiți până se înmoaie, 1 până la 2 minute.

4. Adăugați bulion și sare și gătiți. Gatiti la foc mic in 1-2 minute.

5. Adăugați busuiocul și arpagicul și serviți, stropite cu nuci de pin.

Informatii nutritionale:Calorii 172 Grăsimi totale: 15 g Carbohidrați totale: 6 g Zahăr: 3 g Fibre: 2 g Proteine: 5 g Sodiu: 1170 mg

Supă de somon cu șofran Porții: 4

Timp de preparare: 20 de minute

Ingrediente:

¼ cană ulei de măsline extravirgin

2 praz, doar părți albe, feliate subțiri

2 morcovi medii, feliați subțiri

2 catei de usturoi, feliati subtiri

4 căni de bulion de legume

1 kg fileuri de somon fără piele, tăiate în bucăți de 1 inch 1 linguriță sare

¼ de lingurita piper negru proaspat macinat

¼ linguriță fire de șofran

2 căni de baby spanac

½ cană de vin alb sec

2 linguri de arpagic tocat, ambele parti albe si cele verzi 2 linguri de patrunjel proaspat cu frunze plate tocat marunt<u>Adrese:</u>

1. Încinge uleiul la foc mare într-o tigaie mare.

2. Adăugați prazul, morcovii și usturoiul și gătiți până se înmoaie, 5 până la 7 minute.

3. Se pune bulionul și se fierbe.

4. Aduceți la fiert și adăugați somonul, sarea, piperul și șofranul. Gatiti pana cand somonul este fiert, aproximativ 8 minute.

5. Adăugați spanacul, vinul, arpagicul și pătrunjelul și gătiți până când spanacul se ofilește, 1 până la 2 minute, apoi serviți.

<u>Informatii nutritionale:</u>Calorii 418 Grăsimi totale: 26 g Carbohidrați totale: 13 g Zahar: 4 g Fibre: 2 g Proteine: 29 g Sodiu: 1455 mg

Supă de creveți și ciuperci cu aromă thailandeză

Porții: 6

Timp de preparare: 38 minute

Ingrediente:

3 linguri de unt nesarat

1 kilogram de creveți, decojiți și devenați

2 lingurite de usturoi tocat

O bucată de 1 inch de rădăcină de ghimbir, decojită

1 ceapa medie, tocata

1 chili roșu thailandez, tocat mărunt

1 tulpină de lemongrass

½ linguriță coaja proaspătă de lămâie

Sare si piper negru proaspat macinat, dupa gust 5 cani supa de pui

1 lingura ulei de cocos

lb ciuperci cremini, tăiate felii

1 dovlecel verde mic

2 linguri suc proaspăt de lămâie

2 linguri de sos de peste

¼ de legătură busuioc thailandez proaspăt, tocat mărunt

¼ de legătură de coriandru proaspăt, tocat mărunt

Adrese:

1. Se ia o oala mare, se pune la foc mediu, se adauga untul si cand s-a topit, se adauga crevetii, usturoiul, ghimbirul, ceapa, ardeii iute, iarba de lamaie si coaja de lime, se condimenteaza cu sare si piper negru si se fierbe 3 minute.

2. Se toarnă bulionul, se fierbe timp de 30 de minute, apoi se strecoară.

3. Aduceți o tigaie mare la foc mediu, adăugați ulei și când este fierbinte adăugați ciupercile și dovleceii, asezonați cu sare și piper negru și gătiți timp de 3 minute.

4. Adăugați amestecul de creveți în tigaie, fierbeți 2 minute, stropiți cu suc de lămâie și sos de pește și gătiți 1 minut.

5. Gustați pentru a ajusta condimentele, luați tigaia de pe foc, decorați cu coriandru și busuioc și serviți.

<u>Informatii nutritionale:</u>Calorii 223, grăsimi totale 10,2 g, carbohidrați 8,7 g, proteine 23 g, zahăr 3,6 g, sodiu 1128 mg

Orzo cu roșii uscate Ingrediente:

1 kilogram de piept de pui dezosat, tăiat în cuburi de 3/4 inci

1 lingura + 1 lingurita ulei de masline

Sare și piper negru măcinat crocant

2 catei de usturoi, tocati

1/4 cană (8 oz) paste orzo uscate

2 3/4 cani bulion de pui cu conținut scăzut de sodiu, mai variabil în acel moment (nu folosiți sucuri obișnuite, va fi prea sărat) 1/3 cană roșii uscate la soare umplute cu ulei cu condimente (aproximativ 12 părți. Agitați, îndepărtați câteva din excesul de ulei), tocat fin intr-un robot de bucatarie

1/2 - 3/4 cană brânză cheddar parmezan rasă fin, după gust 1/3 cană busuioc tocat crocant

Adrese:

1. Încinge 1 lingură de ulei de măsline într-o tavă de copt la foc mediu.

2. Odată ce puiul este strălucitor, se condimentează cu sare și piper și se gătește până când devine translucid, aproximativ 3 minute, apoi se răstoarnă pe celelalte părți și se gătește până când devine de culoare închisă lucioasă și gătită, aproximativ 3 minute. Transferați puiul pe o farfurie, acoperiți cu folie pentru a se menține cald.

3. Adăugați 1 linguriță de ulei de măsline pentru a prăji vasul, adăugați usturoiul și gătiți timp de 20 de secunde, sau doar până când strălucește minunat, moment în care turnați sucul de pui în timp ce răzuiți bucățile gătite de pe fundul tigaii.

4. Aduceți bulionul la fiert în acel moment, inclusiv pastele orzo, reduceți focul la mediu într-o tigaie unsă cu un capac și barbotați ușor timp de 5 minute, apoi descoperiți, amestecați și continuați să barbotați descoperit până când orzoul este moale. este delicata, inca vreo 5 minute, amestecand din cand in cand (nu va faceti griji daca a mai ramas ceva suc, ii va da putina aroma).

5. Când pastele sunt fierte, aruncați puiul cu orzo în acel punct de pe foc. Adaugam branza cheddar parmezan si amestecam pana se dizolva, moment in care adaugam rosiile uscate la soare, busuiocul si asezonam.

cu piper (nu ar trebui sa fie nevoie de sare, dar adaugati putina daca vi se pare ca are).

6. Adaugati mai multe sucuri pentru a subtiera dupa bunul plac (atunci cand pastele se odihnesc absoarbe excesul de umezeala si eu am savurat cu putin exces asa ca am mai adaugat putin). Se serveste fierbinte.

Supă cu ciuperci de sfeclă Porții: 4

Timp de gătire: 40 de minute

Ingrediente:

2 linguri de ulei de măsline

1 ceapa galbena, tocata

2 sfeclă, decojită și tăiată cubulețe mari

1 kg de ciuperci albe, feliate

2 catei de usturoi, tocati

1 lingura pasta de rosii

5 căni de bulion de legume

1 lingura patrunjel tocat

Adrese:

1. Se incinge o tigaie cu ulei la foc mediu, se adauga ceapa si usturoiul si se calesc 5 minute.

2. Adăugați ciupercile, amestecați și prăjiți încă 5 minute.

3. Adăugați sfecla și alte ingrediente, aduceți la fierbere și gătiți la foc mediu încă 30 de minute, amestecând din când în când.

4. Puneti supa in boluri si serviti.

Informatii nutritionale:Calorii 300, grăsimi 5, fibre 9, carbohidrați 8, proteine 7

Chiftele de pui cu parmezan Ingrediente:

2 kilograme de pui măcinat

3/4 cană pesmet panko panko fără gluten funcționează grozav 1/4 cană ceapă tocată mărunt

2 linguri patrunjel tocat

2 catei de usturoi tocati marunt

prepara 1 lamaie mica cam 1 lingurita 2 oua

3/4 cană Pecorino Romano mărunțit sau brânză cheddar parmezan 1 linguriță sare adevărată

1/2 lingurita piper negru macinat crocant

1 litru de sos marinara cinci minute

4-6 uncii de brânză mozzarella, feliată crocantă

Adrese:

1. Preîncălziți aragazul la 400 de grade și puneți suportul în treimea superioară a grătarului. Pune totul într-un castron mare, cu excepția marinarei și a mozzarella. Combinați ușor cu mâinile sau cu o lingură mare. Scoateți și formați chiftele mici și puneți-le pe o farfurie tapetă cu folie fierbinte. Puneți chiftelele aproape una de cealaltă pe farfurie, astfel încât

să se potrivească. Turnați aproximativ o jumătate de lingură de sos peste fiecare chifteluță. Se încălzește timp de 15 minute.

2. Scoateți chiftelele de pe aragaz și creșteți temperatura grătarului pentru a găti. Se toarnă încă 1/2 lingură de sos peste fiecare chifteluță și se adaugă un pătrat de mozzarella. (Am tăiat bucățile mici în bucăți de aproximativ 1 inch.) Prăjiți încă 3 minute, până când cheddarul s-a înmuiat și devine strălucitor. Serviți cu sos suplimentar. Multumesc!

Chiftele Alla Parmigiana Ingrediente:

pentru chiftele

1,5 kilograme de hamburger măcinat (80/20)

2 linguri patrunjel crocant, rupt

3/4 cană brânză cheddar parmezan rasă

1/2 cană făină de migdale

2 oua

1 lingurita de sare modelata

1/4 lingurita piper negru macinat

1/4 lingurita praf de usturoi

1 lingurita picaturi de ceapa uscata

1/4 lingurita oregano uscat

1/2 cană de apă călduță

Pentru Parmigiana

1 cană sos keto marinara simplu (sau o marinară locală fără zahăr)

4 uncii de mozzarella cheddar

Adrese:

1. Pune toate chiftelele într-un castron mare și amestecă bine.

2. Structurați în cincisprezece chiftele de 2".

3. Gătiți la 350 de grade (F) timp de 20 de minute SAU prăjiți într-o tigaie mare la foc mediu până se înmoaie. Sfat: încercați să rumeniți în ulei de bacon dacă aveți, are un alt grad de aromă. Fricasseeing produce varietatea strălucitoare de culoare închisă văzută în fotografiile de mai sus.

4. Pentru Parmigiana:

5. Găsiți chiftelele fierte într-un vas sigur pentru plită.

6. Turnați aproximativ 1 lingură de sos peste fiecare chifteluță.

7. Ungeți fiecare cu aproximativ 1/4 oz mozzarella cheddar.

8. Gătiți la 350 de grade (F) timp de 20 de minute (40 de minute dacă chiftele sunt gata) sau până când se încălzește și brânza cheddar strălucește.

9. Ornați cu pătrunjel nou oricând doriți.

Piept de curcan în tigaie cu legume rumenite

Porții: 4

Timp de gătire: 45 de minute

Ingrediente:

2 linguri de unt nesărat, la temperatura camerei 1 dovleac ghindă mediu, fără semințe și feliate subțire 2 sfecle mari aurii, decojite și tăiate subțiri ½ ceapă galbenă medie, feliată subțire

½ piept de curcan dezosat (1 până la 2 lire sterline) 2 linguri de miere

1 lingurita sare

1 lingurita de turmeric

¼ de lingurita piper negru proaspat macinat

1 cană bulion de pui sau bulion de legume

Adrese:

1. Preîncălziți cuptorul la 400 ° F. Ungeți tava de copt cu unt.

2. Aranjați dovleceii, sfecla și ceapa într-un singur strat pe tava de copt. Puneți pielea de curcan în sus. Stropiți cu miere.

Se condimentează cu sare, turmeric și piper și se adaugă bulionul.

3. Se prăjește până când curcanul înregistrează 165°F în centru cu un termometru cu citire instantanee, 35 până la 45 de minute. Scoateți și lăsați să se odihnească timp de 5 minute.

4. Tăiați și serviți.

Informatii nutritionale:Calorii 383 Grăsimi totale: 15 g Carbohidrați totale: 25 g Zahăr: 13 g Fibre: 3 g Proteine: 37 g Sodiu: 748 mg

Curry verde cu nucă de cocos cu orez fiert

Porții: 8

Timp de preparare: 20 de minute

Ingrediente:

2 linguri de ulei de măsline

12 uncii de tofu

2 cartofi dulci medii (tocati)

Sarat la gust

314 uncii de lapte de cocos

4 linguri pasta de curry verde

3 căni de buchețele de broccoli

Adrese:

1. Stoarceți excesul de apă din tofu și prăjiți la foc mediu. Adăugați sare și gătiți timp de 12 minute.

2. Aduceți la fiert laptele de cocos, pasta de curry verde și cartofii dulci la foc mediu și fierbeți timp de 5 minute.

3. Acum adăugați broccoli și tofu și gătiți aproximativ 5 minute până când broccoli își schimbă culoarea.

4. Servește această nucă de cocos și curry verde cu o mână de orez fiert și multe stafide deasupra.

Informatii nutritionale:Calorii 170 Carbohidrați: 34 g Grăsimi: 2 g Proteine: 3 g

Supă de cartofi dulci, pui, linte, porții: 6

Timp de gătire: 35 minute

Ingrediente:

10 tulpini de țelină

1 pui de casă sau pui fript

2 cartofi dulci medii

5 uncii de linte franțuzească

2 linguri suc proaspăt de lămâie

andive de mărimea unei mușcături

6 catei de usturoi, feliati subtiri

½ cană mărar (tocat fin)

1 lingură sare kosher

2 linguri ulei extra virgin

Adrese:

1. Adăugați sare, carcasa de pui, linte și cartofi dulci la 8 uncii de apă și aduceți la fierbere la foc mare.

2. Fierbe aceste articole aproape 10-12 minute și toarnă toată spuma deasupra.

3. Gatiti usturoiul si telina in ulei aproximativ 10 minute pana se inmoaie si se rumenesc usor, apoi se adauga puiul de rotisor maruntit.

4. Adăugați acest amestec în supa de andive și amestecați continuu timp de 5 minute la foc mediu.

5. Adăugați zeama de lămâie și adăugați mararul. Serviți supa fierbinte cu sare.

<u>Informatii nutritionale:</u>Calorii 310 Carbohidrați: 45 g Grăsimi: 11 g Proteine: 13 g

Porții de clătite cu fulgi de ovăz: 1

Timp de preparare: 10 minute

Ingrediente:

ou - 1

Ovăz, măcinat - 0,5 cană

Lapte de migdale - 2 linguri

Bicarbonat de sodiu - 0,125 linguriță

Praf de copt – 0,125 linguriță

extract de vanilie - 1 linguriță

Pastă de curmale - 1 linguriță

Adrese:

1. Încingeți grătarul sau tigaia antiaderentă la foc mediu în timp ce pregătiți clătitele.

2. Pune ovăzul în blenderul sau robotul de bucătărie și pasează până devine o făină măcinată fin. Adăugați-le într-un bol, bateți-le cu praful de copt și bicarbonatul de sodiu.

3. Intr-un alt bol de bucatarie se bat oul impreuna cu laptele de migdale, pasta de curmale si extractul de vanilie pana se integreaza complet. Adăugați amestecul de ouă/lapte de migdale îndulcit la amestecul de ovăz și amestecați până se omogenizează.

4. Unge-ți tava și toarnă aluatul peste aluatul de clătite, lăsând puțin spațiu între fiecare clătită. Lăsați clătitele să se gătească aproximativ două-trei minute, până când devin maro auriu și spumoase.

Întoarceți clătitele cu grijă și gătiți cealaltă parte câteva minute până se rumenesc.

5. Scoateți clătitele de pe foc și serviți-le cu fructe, iaurt, compot sau sirop de fructe Lakanto Maple Monk.

Porții de fulgi de ovăz de arțar: 4

Timp de preparare: 20 de minute

Ingrediente:

Aromă de arțar, o linguriță

Scorțișoară, o linguriță

Seminte de floarea soarelui, trei linguri

nuci pecan, 1/2 cana tocate

Fulgi de nucă de cocos, neîndulciți, 1/4 cană nuci, 1/2 cană tocate

Lapte, migdale sau nucă de cocos, o jumătate de cană

Seminte de chia, patru linguri

Adrese:

1. Zdrobiți semințele de floarea soarelui, nucile și nucile pecan într-un robot de bucătărie pentru a le rupe. Sau puteți pur și simplu să puneți nucile într-o pungă grea de plastic, să înfășurați punga într-un prosop, să o așezați pe o suprafață fermă și să loviți prosopul cu un ciocan până când nucile se sfărâmă. Amestecați nucile măcinate cu restul ingredientelor și turnați-le într-o cratiță mare.

Fierbeți acest amestec la foc mic timp de treizeci de minute. Amestecați des pentru ca amestecul să nu se lipească de fund. Serviți ornat cu fructe proaspete sau cu un strop de scorțișoară dacă doriți.

Informatii nutritionale:Calorii 374 carbohidrați 3,2 grame proteine 9,25 grame grăsimi 34,59 grame

Smoothie cu căpșuni Kiwi Porții: 1

Timp de preparare: 0 minute

Ingrediente:

Kiwi, decojit și tocat, unul

Căpșuni, proaspete sau congelate, 1/2 cană Tocat, lapte de migdale sau de cocos, 1 cană

Busuioc, măcinat, 1 linguriță

Turmeric, o linguriță

Banană, cubulețe, una

Pudră de semințe de chia, 1/4 cană

Adrese:

1. Bea imediat după ce toate ingredientele sunt bine amestecate.

Informatii nutritionale:Calorii 250 zahăr 9,9 grame grăsime 1 gram grame 34 fibre de carbohidrați 4,3 grame

Terci de semințe de in cu scorțișoară Porții: 4

Timp de preparare: 5 minute

Ingrediente:

1 lingurita scortisoara

1½ lingurita stevia

1 lingura unt nesarat

2 linguri faina din seminte de in

2 linguri de ovaz cu seminte de in

½ cană nucă de cocos măruntită

1 cană smântână groasă

2 căni de apă

Adrese:

1. Luați o cratiță medie, puneți-o la foc mic, adăugați toate ingredientele, amestecați până se combină și aduceți amestecul la fierbere.

2. Când amestecul fierbe, scoateți cratita de pe foc, amestecați bine și împărțiți uniform în patru boluri.

3. Lăsați terciul să stea 10 minute până se îngroașă puțin și apoi serviți.

Informatii nutritionale:Calorii 171, grăsimi totale 16 g, carbohidrați 6 g, proteine 2 g

Batoane de mic dejun cu cartofi dulci și afine

Porții: 8

Timp de gătire: 40 de minute

Ingrediente:

1 ½ cană piure de cartofi dulci

2 linguri ulei de cocos, topit

2 linguri sirop de artar

2 oua, crescute pe pasune

1 cană făină de migdale

1/3 cană făină de cocos

1 ½ linguriță praf de copt

1 cană de afine proaspete fără sâmburi și măruntite

¼ cană de apă

Adrese:

1. Preîncălziți cuptorul la 3500F.

2. Ungeți o tavă de copt de 9 inci cu ulei de cocos. Pune deoparte.

3. Într-un bol de amestecare. Combinați piureul de cartofi dulci, apa, uleiul de cocos, siropul de arțar și ouăle.

4. Cerneți făina de migdale, făina de cocos și praful de copt într-un alt castron.

5. Adăugați treptat ingredientele uscate la ingredientele umede. Folosiți o spatulă pentru a împături și amestecați toate ingredientele.

6. Se toarnă în vasul de copt pregătit și se presează afine deasupra.

7. Se da la cuptor si se coace 40 de minute sau pana cand o scobitoare introdusa in centru iese curata.

8. Lăsați să stea sau să se răcească înainte de a scoate din tavă.

<u>Informatii nutritionale:</u>Calorii 98 grăsimi totale 6 g grăsimi saturate 1 g carbohidrați total 9 g carbohidrați neți 8,5 g proteine 3 g zahăr: 7 g fibre: 0,5 g sodiu: 113

mg potasiu 274 mg

Fulgi de ovăz copți cu condimente de dovleac: 6

Timp de gătire: 35 minute

Ingrediente:

Ovăz - 1,5 căni

Lapte de migdale, neîndulcit – 0,75 cană

ou - 1

Îndulcitor de fructe Lakanto Monk - 0,5 cană

piure de dovleac - 1 cană

extract de vanilie - 1 linguriță

Nuci pecan, tocate - 0,75 cană

praf de copt - 1 lingurita

Sare de mare - 0,5 linguriță

Condimente pentru plăcintă de dovleac - 1,5 linguriță

Adrese:

1. Încinge cuptorul la 350 de grade Fahrenheit și unge o tavă de copt de opt pe opt.

2. Într-un castron, amestecați împreună ovăzul, laptele de migdale, ouăle și alte ingrediente până când aluatul de ovăz este complet omogenizat. Turnați amestecul de fulgi de ovăz cu condimente de dovleac în tava unsă și puneți-l în centrul cuptorului.

3. Coaceți ovăzul timp de aproximativ douăzeci și cinci până la treizeci de minute până când devine maro auriu și se fixează. Scoateți fulgii de ovăz copt cu condimente de dovleac din cuptor și lăsați-l să se răcească timp de cinci minute înainte de servire. Savurați-l cald singur sau cu fructele și iaurtul preferat.

Ouă omletă cu spanac și roșii Porții: 1

Ingrediente:

1 lingurita ulei de masline

1 lingurita busuioc proaspat tocat

1 roșie medie feliată

c. brânză elvețiană

2 oua

½ lingurita piper cayenne

C. spanac la pachet tocat

Adrese:

1. Într-un castron mic, amestecați ouăle, busuiocul, ardeiul și brânza elvețiană.

2. Puneți o tigaie medie la foc mediu și încălziți uleiul.

3. Adăugați roșia și gătiți timp de 3 minute. Adăugați spanacul și gătiți timp de 2 minute sau până când începe să se ofilească.

4. Turnați ouăle bătute și amestecați timp de 2 până la 3 minute sau până când se dorește.

5. Bucurați-vă.

Informatii nutritionale:Calorii: 230, Grăsimi: 14,3 g, Carbohidrați: 8,4 g, Proteine: 17,9

Smoothie cu rădăcină tropicală, ghimbir și turmeric Porții: 1

Timp de preparare: 0 minute

Ingrediente:

1 portocală sanguină, curățată și fără semințe

1 morcov mare, decojit și tocat

½ cană bucăți de mango congelate

2/3 cană apă de cocos

1 lingură semințe de cânepă crude

¾ lingurita de ghimbir ras

1 ½ linguriță curcuma decojită și ras

Un praf de piper cayenne

putina sare

Adrese:

1. Pune toate ingredientele într-un blender și amestecă până se omogenizează.

2. Dați la frigider înainte de servire.

Informatii nutritionale: Calorii 259 grăsimi totale 6 g grăsimi saturate 0,9 g glucide totale 51 g carbohidrați neți 40 g proteine 7 g zahăr: 34 g fibre: 11 g sodiu: 225 mg potasiu 1319 mg

Pâine prăjită cu vanilie și scorțișoară

Porții: 4

Ingrediente:

½ lingurita de scortisoara

3 ouă mari

1 lingurita de vanilie

8 felii de pâine integrală

2 linguri. Lapte degresat

Adrese:

1. Mai întâi, preîncălziți o foaie de copt la 3500F.

2. Combinați vanilia, ouăle, laptele și scorțișoara într-un castron mic și bateți până se omogenizează.

3. Turnați într-un vas sau farfurie cu fund plat.

4. Înmuiați pâinea în amestecul de ouă, răsturnați pentru a acoperi ambele părți și puneți-o pe o foaie de copt fierbinte.

5. Gatiti aproximativ 2 minute sau pana cand fundul se rumeneste usor, apoi intoarceti si gatiti pe cealalta parte.

Informatii nutritionale:Calorii: 281,0, Grăsimi: 10,8 g, Carbohidrați: 37,2 g, Proteine: 14,5 g, Zaharuri: 10 g, Sodiu: 390 mg.

Porții de mic dejun cu barca cu avocado: 2

Timp de preparare: 7 minute

Ingrediente:

2 avocado, tăiate la jumătate și fără sâmburi

¼ ceapa tocata

2 roșii, în bucăți

1 ardei gras, tocat

2 linguri coriandru, tocat marunt

piper dupa gust

4 ouă

Adrese:

1. Scoateți pulpa de avocado și tocați mărunt.

2. Puneți într-un castron.

3. Adăugați restul ingredientelor, cu excepția.

4. Dați la frigider pentru 30 de minute.

5. Spargeți oul peste coaja de avocado.

6. Preîncălziți friteuza cu aer la 350 de grade F.

7. Se prăjește la aer timp de 7 minute.

8. Acoperiți cu sos de avocado.

Porții de haș de curcan: 4

Timp de preparare: 15 minute

Ingrediente:

1 kilogram de curcan măcinat

½ linguriță de cimbru uscat

1 lingura ulei de cocos, topit

½ lingurita de scortisoara macinata

Pentru hash:

1 ceapa galbena, tocata

1 lingura ulei de cocos, topit

1 dovlecel, bucăți

½ cană morcovi mărunțiți

2 cani de dovleac butternut, taiate cubulete

1 măr, fără miez, decojit și tăiat cubulețe

2 căni de baby spanac

1 lingurita de ghimbir macinat

1 lingurita scortisoara macinata

½ linguriță de usturoi pudră

½ linguriță de pudră de turmeric

½ linguriță de cimbru uscat

Adrese:

1. Încinge o tigaie cu 1 lingură de ulei de cocos la foc mediu. Adăugați curcan, ½ linguriță de cimbru și ½ linguriță de scorțișoară măcinată. Se amestecă și se fierbe timp de 5 minute, apoi se transferă într-un bol. Reîncălziți tigaia cu 1 lingură ulei de cocos la foc mediu. Adăugați ceapa, amestecați și gătiți timp de 2 minute. Adăugați dovlecel, morcovi, dovleac, măr, ghimbir, 1 linguriță scorțișoară, . Vă rog

linguriță fiecare pudră de cimbru, turmeric și usturoi. Se amestecă și se fierbe timp de 3-4

minute. Întoarceți carnea în tigaie, adăugați și spanac baby. Se amestecă totul și se mai gătește încă 1-2 minute, apoi se împarte totul în farfurii și se servește la micul dejun.

2. Bucură-te!

Informatii nutritionale:Calorii 212, grăsimi 4, fibre 6, carbohidrați 8, proteine 7.

Ovăz tăiat din oțel cu chefir și fructe de pădure

Porții: 4

Timp de preparare: 30 minute

Ingrediente:

Pentru ovăz:

1 cană de ovăz tăiat din oțel

3 căni de apă

vârf de cuțit de sare

Pentru a acoperi Opțional:

fructe/fructe proaspete sau congelate

o mână de migdale feliate, semințe de cânepă, pepita sau alte nuci/semințe

chefir neindulcit, de casa/cumparat

un strop de sirop de arțar, puțin zahăr de cocos, câteva picături de stevia sau alt îndulcitor după gust<u>Adrese:</u>

1. Adăugați ovăz/puneți într-o cratiță mică la foc mediu. Prăjiți tigaia, amestecând sau scuturând frecvent, timp de 2-3 minute.

2. Adăugați apa și aduceți la fiert. Coborâți focul și lăsați-l să fiarbă aproximativ 25 de minute, sau până când ovăzul este suficient de fraged încât să vă satisfacă. Serviți cu fructe de pădure, nuci/semințe, un strop de chefir și orice îndulcitor după gust. Sapa!

Informatii nutritionale:Calorii 150 Carbohidrați: 27 g Grăsimi: 3 g Proteine: 4 g

Spaghete fabuloase cu dovlecei cu brânză și pesto de busuioc

Porții: 2

Timp de gătire: 35 minute

Ingrediente:

1 cană dovleac spaghetti fiert, scurs

Sare și piper negru proaspăt măcinat, după gust ½ lingură ulei de măsline

¼ cană brânză ricotta, neîndulcită

2 oz brânză mozzarella proaspătă, tăiată cubulețe

1/8 cană pesto de busuioc

Adrese:

1. Porniți cuptorul, setați temperatura la 375°F și lăsați să se preîncălzească.

2. Între timp, luați un castron mediu, adăugați dovleceii spaghetti și condimentați cu sare și piper negru.

3. Luați o tavă de copt, ungeți-o cu ulei, adăugați amestecul de dovleac, acoperiți cu ricotta și mozzarella și coaceți 10

minute până la fiert.

4. Când ați terminat, scoateți caserola din cuptor, stropiți cu pesto și serviți imediat.

Informatii nutritionale: Calorii 169, grăsimi totale 11,3 g, carbohidrați totale 6,2 g, proteine 11,9 g, zahăr 0,1 g, sodiu 217 mg

Smoothie de portocale cu piersici porții: 2

Ingrediente:

2 C. piersici tocate

2 linguri. iaurt fără zahăr

Suc din 2 portocale

Adrese:

1. Începeți prin a îndepărta semințele și coaja piersicilor. Tăiați și lăsați câteva bucăți de piersică pentru a decor.

2. Puneți piersica tocată, sucul de portocale și iaurtul într-un blender și amestecați până la omogenizare.

3. Optional, puteti adauga putina apa pentru a subtia shake-ul.

4. Turnați în sticlă și bucurați-vă!

Informatii nutritionale:Calorii: 170, grăsimi: 4,5 g, carbohidrați: 28 g, proteine: 7 g, zaharuri: 23 g, sodiu: 101 mg

Brioșe cu unt de migdale și banane Porții: 6

Timp de preparare: 30 minute

Ingrediente:

Ovăz - 1 cană

Sare de mare - 0,25 linguriță

Scorțișoară, măcinată - 0,5 linguriță

praf de copt - 1 lingurita

unt de migdale - 0,75 cană

Banane, piure - 1 cană

Lapte de migdale, neindulcit - 0,5 linguri

Extract de vanilie - 2 lingurițe

Ouă - 2

Îndulcitor de fructe Lakanto Monk - 0,25 cană

Adrese:

1. Încinge cuptorul la 350 de grade Fahrenheit și tapetează o tavă de brioșe cu hârtie de copt sau unsoare, dacă preferi.

2. Într-un castron de bucătărie, amestecați piureul de banană împreună cu untul de migdale, laptele de migdale neîndulcit, ouăle, extractul de vanilie și îndulcitorul de fructe de călugăr. Într-un castron separat de bucătărie, combinați ovăzul, condimentele și praful de copt. Odată ce amestecul de făină este complet amestecat, turnați în castronul cu piureul de banane și adăugați amestecul de unt de migdale/banane și amestecurile de ovăz până se combină.

3. Împărțiți aluatul pentru brioșe între cele douăsprezece cutii de hârtie, umplând fiecare cavitate pentru brioșe aproximativ trei sferturi. Puneți tava pentru brioșe cu unt de banane și migdale în mijlocul cuptorului încins și lăsați-le să se gătească până când se întăresc și sunt gata. Se fac odată ce o scobitoare este introdusă în centru și scoasă curat.

Acest lucru durează aproximativ douăzeci până la douăzeci și cinci de minute.

4. Lăsați brioșele cu unt de migdale și banane să se răcească înainte de a le servi și savurați.

Terci de mic dejun Porții: 1

Timp de preparare: 0 minute;

Ingrediente:

6 linguri de brânză de vaci organică

3 linguri de seminte de in

3 linguri ulei de in

2 linguri de unt de migdale crud organic

1 lingură carne de cocos organică

1 lingura miere cruda

¼ cană de apă

Adrese:

1. Combinați toate ingredientele într-un bol. Se amestecă până se combină bine.

2. Transferați într-un bol și lăsați să se răcească înainte de servire.

Informatii nutritionale:Calorii 632 grăsimi totale 49 g grăsimi saturate 5 g carbohidrați totale 32 g carbohidrați neți 26 g proteine 23 g zahăr: 22 g fibre: 6 g sodiu: 265 mg potasiu 533 mg

Pâine cu banane Ovăz peste noapte Porții: 3

Timp de preparare: 0 minute

Ingrediente:

¼ cană iaurt grecesc simplu

¼ linguriță sare de mare în fulgi

1½ cani de lapte degresat

1 cană de ovăz de modă veche

1 lingura de seminte de chia

2 pătlagini medii, foarte coapte și piure

2 linguri fulgi de cocos, neindulciti si prajiti 2 linguri miere

2 lingurite extract de vanilie

Ingrediente de servire: nuci prajite, seminte de rodie, miere, jumatati de smochine si felii de banana

Adrese:

1. Combinați toate ingredientele, cu excepția toppingurilor, într-un bol de amestecare. Se amestecă bine până când totul este bine amestecat. Împărțiți amestecul în mod egal între două boluri de servire.

2. Acoperiți și lăsați la frigider peste noapte sau 6 ore.

3. Pentru a servi, amestecați și acoperiți cu ingrediente.

Informatii nutritionale:Calorii 684 Grăsimi: 22,8 g Proteine: 34,2 g Sodiu: 374 mg Carbohidrați totali: 99,6 g Fibre alimentare: 14,1 g

Bol cu banane Choco Chia Porții: 3

Timp de preparare: 0 minute

Ingrediente:

½ cană de semințe de chia

1 banană mare, foarte coaptă

½ linguriță extract pur de vanilie

2 cani de lapte de migdale, neindulcit

1 lingura pudra de cacao

2 linguri miere cruda sau sirop de artar

2 linguri de niburi de cacao de amestecat

2 linguri de chipsuri de ciocolată de amestecat

1 banană mare, feliată pentru a se amesteca

Adrese:

1. Combinați semințele de chia și banana într-un castron. Se zdrobește banana cu o furculiță și se amestecă bine până se omogenizează bine. Adăugați vanilie și lapte de migdale. Bateți până când nu mai apar cocoloașe.

2. Turnați jumătate din amestec într-un recipient de sticlă și acoperiți. Adăugați cacao și siropul în jumătatea rămasă din amestec din bol. Se amestecă bine până se încorporează complet. Turnați acest amestec într-un alt recipient de sticlă și acoperiți-l. Se da la frigider pentru cel putin 4 ore.

3. Pentru a servi, împărțiți budincile de chia răcite în mod egal în trei boluri de servire. Alternați straturile cu ingredientele înainte de amestecare.

Informatii nutritionale: Calorii 293 Grăsimi: 9,7 g Proteine: 14,6 g Sodiu: 35 mg Carbohidrați totali: 43,1 g

Smoothie antiinflamator cu cireșe și spanac

Porții: 1

Timp de preparare: 0 minute

Ingrediente:

1 cană chefir simplu

1 cană cireșe congelate, fără sâmburi

½ cană frunze de spanac baby

¼ cană piure de avocado copt

1 lingura unt de migdale

1 bucată de ghimbir decojit (1/2 inch)

1 lingurita de seminte de chia

Adrese:

1. Pune toate ingredientele într-un blender.

2. Pulsați până la omogenizare.

3. Lăsați să se odihnească la frigider înainte de servire.

Informatii nutritionale: Calorii 410 grăsimi totale 20 g grăsimi saturate 4 g carbohidrați totale 47 g carbohidrați neți 37 g proteine 17 g zahăr: 33 g fibre: 10 g sodiu: 169 mg potasiu 1163 mg

Shakshuka picant porții: 4

Timp de gătire: 37 minute

Ingrediente:

2 linguri ulei de masline extravirgin

1 bulb de ceapa, tocat marunt

1 jalapeño, fără semințe și tocat mărunt

2 catei de usturoi, tocati

1 kilogram de spanac

Sare și piper negru proaspăt măcinat

¾ lingurita coriandru

1 lingurita de chimion uscat

2 linguri pasta de harissa

½ cană bulion de legume

8 ouă mari

Fulgi de ardei roșu, de servit

coriandru tocat pentru a servi

patrunjel tocat pentru a servi

Adrese:

1. Preîncălziți cuptorul la 350°F.

2. Încinge uleiul într-o tigaie rezistentă la foc mediu. Adăugați ceapa și prăjiți timp de 5 minute.

3. Adăugați jalapeno și usturoiul și gătiți timp de un minut, sau până când sunt parfumate. Adăugați spanacul și gătiți timp de 5 minute, sau până când frunzele se ofilesc complet.

4. Asezonați amestecul cu sare și piper, coriandru, chimen și harissa. Gatiti inca 1 minut.

5. Transferați amestecul în robotul de bucătărie - faceți piure până când se îngroașă. Se toarnă bulion și se pasează până la omogenizare.

6. Curățați și ungeți aceeași tigaie cu spray de gătit antiadeziv.

Se toarnă amestecul de piure. Folosind o lingură de lemn, modelați în opt godeuri rotunde.

7. Rupeți cu grijă fiecare ou în godeuri. Pune tava la cuptor -

Coaceți timp de 25 de minute sau puneți în brac ouăle până se întăresc complet.

8. Inainte de servire, presara shakshuka cu fulgi de ardei rosu, coriandru si patrunjel dupa gust.

Informatii nutritionale: Calorii 251 Grăsimi: 8,3 g Proteine: 12,5 g Sodiu: 165 mg Carbohidrați totale: 33,6 g

Golden Milk 5 minute porții: 1

Timp de preparare: 4 minute

Ingrediente:

1 1/2 cani de lapte de cocos usor

1 1/2 cani de lapte de migdale neindulcit

1 1/2 linguriță de turmeric măcinat

1/4 lingurita de ghimbir macinat

1 baton intreg de scortisoara

1 lingura ulei de cocos

1 praf de piper negru macinat

Îndulcitor la alegere (adică zahăr de cocos, sirop de arțar sau stevie după gust)

Adrese:

1. Adaugă într-o cratiță mică laptele de cocos, turmericul măcinat, laptele de migdale, ghimbirul măcinat, batonul de scorțișoară, uleiul de cocos, piperul negru și îndulcitorul tău preferat.

2. Se amestecă și se încălzește la foc mediu. Se încălzește până se încinge, dar nu dă în clocot, aproximativ 4 minute, amestecând des.

3. Opriți focul și gustați pentru a schimba aroma. Pentru ierburi puternice +

după gust, adăugați mai mult îndulcitor după gust sau mai mult turmeric sau ghimbir.

4. Serviți imediat, rupând între două pahare, lăsând în urmă batonul de scorțișoară. Cel mai bine proaspăt, deși resturile pot fi păstrate la frigider timp de 2-3 zile. Se încălzește la temperatură pe aragaz sau în cuptorul cu microunde.

<u>Informatii nutritionale:</u>Calorii 205 Grăsimi: 19,5 g Sodiu: 161 mg Carbohidrați: 8,9 g Fibre: 1,1 g Proteine: 3,2 g

Porții de mic dejun cu fulgi de ovăz: 1

Timp de preparare: 8 minute

Ingrediente:

2/3 cană lapte de cocos

1 albuș de ou, crescut la pășune

½ cană de ovăz de gătit rapid fără gluten

½ linguriță de pudră de turmeric

½ lingurita de scortisoara

¼ linguriță de ghimbir

Adrese:

1. Puneți laptele nelactat într-o cratiță și încălziți la foc mediu.

2. Adăugați albușurile spumă și continuați să bateți până când amestecul este omogen.

3. Adăugați ingredientele rămase și gătiți încă 3 minute.

Informatii nutritionale:Calorii 395 grăsimi totale 34 g grăsimi saturate 7 g carbohidrați total 19 g carbohidrați neți 16 g proteine 10 g zahăr: 2 g fibre: 3 g sodiu: 76 mg potasiu 459 mg

Fără coacere gogoși cu proteine turmeric porții: 8

Timp de preparare: 0 minute

Ingrediente:

1 ½ cani de caju crude

½ cană curmale medjool fără sâmburi

1 lingură pudră proteică de vanilie

½ cană nucă de cocos mărunțită

2 linguri sirop de artar

¼ lingurita extract de vanilie

1 lingurita de pudra de turmeric

¼ cană ciocolată neagră

Adrese:

1. Combinați toate ingredientele, cu excepția ciocolatei, într-un robot de bucătărie.

2. Pulsați până la omogenizare.

3. Rulați aluatul în 8 bile și presă-le într-o tavă de gogoși din silicon.

4. Dați la congelator timp de 30 de minute pentru a se întări.

5. Între timp, pregătiți învelișul de ciocolată topind ciocolata la bain-marie.

6. Când gogoșile s-au întărit, se scot din tavă și se stropesc cu ciocolată.

<u>Informatii nutritionale:</u>Calorii 320 grăsimi totale 26 g grăsimi saturate 5 g carbohidrați total 20 g carbohidrați neți 18 g proteine 7 g zahăr: 9 g fibre: 2 g sodiu: 163

mg potasiu 297 mg

Brânză Cheddar și Frittata cu Kale Porții: 6

Ingrediente:

1/3 c. ceapa primavara taiata felii

¼ lingurita de piper

1 ardei gras rosu taiat cubulete

C. lapte degresat

1 C. brânză cheddar măruntită, cu conținut scăzut de grăsimi

1 lingurita ulei de masline

5 uncii kale și spanac

12 ouă

Adrese:

1. Preîncălziți cuptorul la 375 0F.

2. Ungeți o tavă de copt din sticlă cu ulei de măsline.

3. Într-un bol, bate bine toate ingredientele, mai puțin brânza.

4. Turnați amestecul de ouă în vasul pregătit și coaceți timp de 35 de minute.

5. Scoateți din cuptor și stropiți cu brânză și dați pe răzătoare 5 minute.

6. Scoateți din cuptor și lăsați să se odihnească timp de 10 minute.

7. Tăiați bucăți și bucurați-vă.

Informatii nutritionale:Calorii: 198, Grăsimi: 11,0 g, Carbohidrați: 5,7 g, Proteine: 18,7 g, zaharuri: 1 g, sodiu: 209 mg.

Frittata mediteraneană Porții: 6

Timp de preparare: 20 de minute

Ingrediente:

ouă, șase

Branza feta, maruntita, 1/4 cana

Piper negru, un sfert de lingurita

Ulei, spray sau măsline

oregano, o lingurita

Lapte, migdale sau nucă de cocos, un sfert de cană

Sare de mare, o lingurita

Măsline negre, tocate, 1/4 cană

Măsline verzi, tocate, 1/4 cană

Roșii, tăiate cubulețe, 1/4 cană

Adrese:

1. Preîncălziți cuptorul la 400. Ungeți o tavă de copt de 8 x 8 inci.

Se amestecă laptele cu ouăle și apoi se adaugă celelalte ingrediente. Turnați tot acest amestec în tava de copt și coaceți timp de douăzeci de minute.

Informatii nutritionale:Calorii 107 zaharuri 2 grame de grasimi 7 grame de carbohidrati 3

grame de proteine 7 grame

Granola cu ghimbir și scorțișoară de hrișcă

Porții: 5

Timp de gătire: 40 de minute

Ingrediente:

¼ cană semințe de chia

½ cană fulgi de cocos

1 ½ cani de nuci mixte crude

2 căni de ovăz fără gluten

1 cană gris de hrișcă

2 linguri de unt de nuci

4 linguri de ulei de cocos

1 cană semințe de floarea soarelui

½ cană semințe de dovleac

1 bucată de ghimbir de 2 inci

1 lingurita scortisoara macinata

1/3 cană sirop de malț de orez

4 linguri pudră de cacao crudă – Opțional

Adrese:

1. Preîncălziți cuptorul la 180C

2. Se presează nucile în robotul de bucătărie și se presează rapid pentru a le toca grosier. Puneți nucile tăiate într-un bol și adăugați toate celelalte ingrediente uscate care se combină bine: ovăz, nucă de cocos, scorțișoară, hrișcă, semințe și sare într-o cratiță la foc mic, topește ușor uleiul de cocos.

3. Adăugați pudră de cacao (dacă se folosește) la amestecul umed și amestecați. Turnați aluatul umed peste amestecul uscat și amestecați bine pentru a vă asigura că totul este acoperit. Transferați amestecul pe o tavă largă de copt tapetată cu hârtie cerată sau ulei de cocos uns. Asigurați-vă că împrăștiați uniform amestecul timp de 35-40 de minute și întoarceți-l pe jumătate. Coaceți până când granola este crocantă și aurie!

4. Servește cu laptele tău preferat de nuci, o praf de iaurt de cocos, fructe proaspete și super-alimente: fructe de pădure goji, semințe de in, polen de albine, ce vrei să fie! Amestecă-l în fiecare zi.

Informatii nutritionale: Calorii 220 Carbohidrați: 38 g Grăsimi: 5 g Proteine: 7 g

Porții de clătite cu coriandru: 6

Timp de preparare: 6-8 minute

Ingrediente:

½ cană făină de tapioca

½ cană făină de migdale

½ linguriță de pudră de chili

¼ linguriță de turmeric măcinat

Sare și piper negru proaspăt măcinat, după gust 1 cană de lapte de cocos plin de grăsime

½ ceapa rosie, tocata

1 (½ inch) bucată de ghimbir proaspăt, ras fin 1 ardei iute serrano, tocat fin

½ cană coriandru proaspăt, tocat

Ulei după cum este necesar

Adrese:

1. Într-un castron mare, combinați făina și condimentele.

2. Adăugați laptele de cocos și amestecați până se omogenizează bine.

3. Adăugați ceapa, ghimbirul, ardeiul serrano și coriandru.

4. Ungeți ușor o tigaie mare antiaderentă cu ulei și încălziți la foc mediu.

5. Adăugați aproximativ ¼ de cană de aluat și înclinați tigaia pentru a o distribui uniform în tigaie.

6. Se prăjește aproximativ 3-4 minute pe ambele părți.

7. Repetați cu tot amestecul rămas.

8. Serviți cu toppingul dorit.

<u>Informatii nutritionale:</u>Calorii: 331, grăsimi: 10 g, carbohidrați: 37 g, fibre: 6 g, proteine: 28 g

Smoothie cu zmeură și grepfrut Porții: 1

Timp de preparare: 0 minute

Ingrediente:

Suc de 1 grapefruit, proaspăt stors

1 banană, curățată și tăiată felii

1 cană zmeură

Adrese:

1. Pune toate ingredientele într-un blender și bate până se omogenizează.

2. Dați la frigider înainte de servire.

Informatii nutritionale:Calorii 381 grăsimi totale 0,8 g grăsimi saturate 0,1 g carbohidrați totali 96 g carbohidrați neți 85 g proteine 4 g zahăr: 61 g fibre: 11 g sodiu: 11 mg potasiu 848 mg

Granola cu unt de arahide Porții: 8

Timp de gătire: 25 minute

Ingrediente:

Ovăz – 2 căni

Scorțișoară - 0,5 linguriță

Unt de arahide, simplu cu sare - 0,5 cană

Pastă de curmale - 1,5 linguri

Chips de ciocolată neagră Lily's - 0,5 cană

Adrese:

1. Încinge cuptorul la 300 de grade Fahrenheit și tapetează o foaie de copt cu prosoape de hârtie sau un covoraș de bucătărie din silicon.

2. Într-un castron, amestecați pasta de curmale, scorțișoara și untul de arahide, apoi adăugați ovăzul, amestecând până când ovăzul este complet acoperit. Întindeți uniform acest amestec îndulcit și condimentat într-un strat subțire pe tava de copt.

3. Puneți granola cu unt de arahide în cuptor și coaceți timp de douăzeci de minute, amestecând bine la jumătatea timpului de gătire pentru a preveni gătirea neuniformă și arderea.

4. Scoateți granola din cuptor și lăsați-o să se răcească la temperatura camerei înainte de a adăuga chipsurile de ciocolată. Transferați granola cu unt de arahide într-un recipient ermetic pentru a o păstra până la utilizare.

Ouă omletă la cuptor cu turmeric Porții: 6

Timp de preparare: 15 minute

Ingrediente:

8 până la 10 ouă mari, crescute pe pășune

½ cană lapte de migdale sau de cocos neîndulcit

½ linguriță de pudră de turmeric

1 lingurita coriandru tocat

¼ lingurita piper negru

putina sare

Adrese:

1. Preîncălziți cuptorul la 3500F.

2. Ungeți o tavă rezistentă la căldură sau o tavă de copt.

3. Într-un castron, bate oul, laptele, praful de turmeric, piperul negru și sarea.

4. Turnați amestecul de ouă în tava de copt.

5. Dați la cuptor și coaceți timp de 15 minute sau până se întăresc ouăle.

6. Se scoate din cuptor si se orneaza cu coriandru tocat deasupra.

Informatii nutritionale: Calorii 203 grăsimi totale 16 g grăsimi saturate 4 g carbohidrați total 5 g carbohidrați neți 4 g proteine 10 g zahăr: 4 g fibre: 1 g sodiu: 303

mg potasiu 321 mg

Tară de ovăz Chia Mic dejun Porții: 2

Ingrediente:

85 g migdale prajite tocate

340 g lapte de cocos

30 g zahăr din trestie

2½ g coaja de portocala

30 g amestec de semințe de in

170 g ovăz

340 g afine

30 g semințe de chia

2½ g scorțișoară

Adrese:

1. Combinați toate ingredientele umede și amestecați zahărul și laptele cu coaja de portocală.

2. Adauga scortisoara si amesteca bine. Odată ce sunteți sigur că zahărul nu are cocoloașe, adăugați ovăzul, in și semințele de chia și lăsați să stea un minut.

3. Luați două boluri sau borcane și turnați amestecul în ele. Se presară migdale prăjite și se păstrează la frigider.

4. Scoate-l dimineața și mergi adânc!

Informatii nutritionale:Calorii: 353, grăsimi: 8 g, carbohidrați: 55 g, proteine: 15 g, zaharuri: 9,9 g, sodiu: 96 mg

Rețetă de brioșe cu rubarbă, mere și ghimbir: 8 porții

Timp de preparare: 30 minute

Ingrediente:

1/2 lingurita de scortisoara macinata

1/2 lingurita de ghimbir macinat

praf de sare de mare

1/2 cană făină de migdale (migdale măcinate)

1/4 cană zahăr brut nerafinat

2 linguri de ghimbir cristalizat tocat fin

1 lingură făină din semințe de in măcinate

1/2 cană făină de hrișcă

1/4 cană făină fină de orez brun

1/4 cană (60 ml) ulei de măsline

1 ou mare în aer liber

1 lingurita extract de vanilie

2 linguri amidon de porumb organic sau săgeată adevărată 2 linguriţe praf de copt fără gluten

1 cană rubarbă tocată

1 măr mic, decojit şi tocat mărunt

95 ml (1/3 cană + 1 lingură) lapte de orez sau de migdale<u>Adrese:</u>

1. Preîncălziţi cuptorul la 180C/350C. Ungeţi sau tapetaţi 8 forme de brioşe de 80 ml (80 ml) cu capace de hârtie.

2. Puneţi făina de migdale, ghimbirul, zahărul şi seminţele de in într-un castron mediu. Cerneţi peste praful de copt, făina şi condimentele, apoi amestecaţi uniform. Se amestecă rubarba şi mărul în amestecul de făină pentru a se acoperi.

3. Bateţi laptele, zahărul, oul şi vanilia într-un alt castron mai mic înainte de a turna în amestecul uscat şi amestecaţi până se omogenizează.

4. Împărţiţi aluatul uniform între forme/cutii de hârtie şi coaceţi 20-25 de minute sau până când aluatul devine maro auriu pe margini.

5. Scoateţi şi lăsaţi să se odihnească timp de 5 minute înainte de a transfera pe un grătar pentru a se răci în continuare.

6. Mănâncă cald sau la temperatura camerei.

<u>Informatii nutritionale:</u>Calorii 38 Carbohidraţi: 9 g Grăsimi: 0 g Proteine: 0 g

Porții de cereale și fructe: 6

Ingrediente:

1 C. Stafide

C. orez brun cu gătire rapidă

1 măr Granny smith

1 portocală

8 oz. iaurt de vanilie cu conținut scăzut de grăsimi

3c. apă

C. bulgur

1 măr roșu delicios

Adrese:

1. Puneți o oală mare la foc mare și aduceți apa la fiert.

2. Adăugați bulgurul și orezul. Reduceți focul la mic și fierbeți acoperit timp de zece minute.

3. Opriți focul, lăsați să stea 2 minute acoperit.

4. Transferați fasolea pe o foaie de copt și întindeți-o uniform pentru a se răci.

5. Între timp, curățați portocalele și tăiați-le felii. Tăiați și tăiați merele cu miez.

6. Odată ce fasolea s-a răcit, se transferă într-un castron mare pentru a le servi alături de fructe.

7. Adăugați iaurt și amestecați bine pentru a acoperi.

8. Serviți și savurați.

<u>Informatii nutritionale:</u>Calorii: 121, grăsimi: 1 g, carbohidrați: 24,2 g, proteine: 3,8 g, zaharuri: 4,2 g, sodiu: 500 mg

Perky Paleo Cartofi și pudră de proteine porții: 1

Timp de preparare: 0 minute

Ingrediente:

1 cartof dulce mic, prăjit și tocat 1 lingură pudră proteică

1 banană mică, feliată

¼ cană afine

¼ cană zmeură

Topping-uri la alegere: semințe de cacao, semințe de chia, inimioare de cânepă, unt preferat de nuci/semințe (opțional)

Adrese:

1. Pasează cartofii dulci într-un castron mic de servire cu o furculiță. Adăugați pudra de proteine. Se amestecă bine până când totul este bine amestecat.

2. Aranjați feliile de banană, afinele și zmeura deasupra amestecului. Ornați cu ingredientele dorite. Puteți savura acest mic dejun atât cald cât și rece.

Informatii nutritionale: Calorii 302 Grăsimi: 10 g Proteine: 15,3 g Sodiu: 65 mg Carbohidrați totali: 46,7 g

Bruschetta cu busuioc și roșii Porții: 8

Ingrediente:

C. busuioc tocat

2 catei de usturoi tocati

1 lingura. oțet balsamic

2 linguri. Ulei de masline

½ lingurita piper negru macinat

1 baghetă de grâu feliată

8 roșii Roma coapte, tăiate cubulețe

1 lingurita sare de mare

Adrese:

1. Mai întâi, preîncălziți cuptorul la 375 F.

2. Într-un bol, tăiați roșiile cubulețe, amestecați împreună oțetul balsamic, busuiocul tocat, usturoiul, sare, piper și uleiul de măsline și lăsați deoparte.

3. Tăiați bagheta în 16-18 felii și puneți-le pe o tavă de copt pentru aproximativ 10 minute pentru a se coace.

4. Serviți cu felii de pâine caldă și savurați.

5. Pentru resturile, se pastreaza intr-un recipient ermetic si se da la frigider.

Încearcă să le pui deasupra puiului la grătar, este uimitor!

<u>Informatii nutritionale:</u>Calorii: 57, grăsimi: 2,5 g, carbohidrați: 7,9 g, proteine: 1,4 g, zaharuri: 0,2 g, sodiu: 261 mg

Clătite cu nucă de cocos și scorțișoară Porții: 2

Timp de preparare: 18 minute

Ingrediente:

2 oua bio

1 lingură făină de migdale

2 uncii de brânză cremă

¼ cană nucă de cocos mărunțită, plus mai mult pentru garnitură ½ lingură eritritol

1/8 lingurita sare

1 lingurita scortisoara

4 linguri de stevia

½ lingură ulei de măsline

Adrese:

1. Spargeți ouăle într-un castron, bateți până devin pufoase, apoi adăugați făina și crema de brânză până se omogenizează.

2. Adăugați ingredientele rămase și amestecați până se omogenizează bine.

3. Luați o tigaie, puneți-o la foc mediu, ungeți-o cu ulei, apoi turnați jumătate din aluat și gătiți 3-4 minute pe fiecare parte până când clătitele sunt fierte și aurii.

4. Puneți clătita pe o farfurie și coaceți o altă clătită în același mod din aluatul rămas.

5. Presărați nucă de cocos peste clătite fierte și serviți.

Informatii nutritionale:Calorii 575, grăsimi totale 51 g, carbohidrați 3,5 g, proteine 19 g

Fulgi de ovăz cu nuci, afine și banane Porții: 6

Timp de preparare: 2 ore

Ingrediente:

2 căni de mâncare rulată

1/4 cană migdale (prăjite)

1/4 cană de nuci

1/4 cană de nuci

2 linguri de seminte de in macinate

1 lingurita de ghimbir macinat

1 lingurita scortisoara

1/4 lingurita sare de mare

2 linguri zahar de cocos

½ linguriță de praf de copt

2 cani de lapte

2 banane

1 cană de afine proaspete

1 lingura sirop de artar

1 lingurita extract de vanilie

1 lingura unt topit

iaurt de servit

Adrese:

1. Într-un castron mare, adăugați nucile, semințele de in, praful de copt, condimentele și zahărul de cocos și amestecați.

2. Într-un alt castron, bate ouăle, laptele, siropul de arțar și extractul de vanilie.

3. Tăiați bananele în jumătate și puneți-le în slow cooker cu afinele.

4. Adăugați amestecul de ovăz și turnați peste amestecul de lapte.

5. Stropiți cu unt topit,

6. Gatiti in slow cooker la foc mic timp de 4 ore sau la maxim 4 ore. Gatiti pana cand lichidul a fost absorbit si ovazul este maro auriu.

7. Serviți cald și acoperiți cu iaurt grecesc simplu.

Informatii nutritionale:Calorii 346 mg Grasimi totale: 15 g Carbohidrati: 45 g Proteine: 11 g Zahar: 17 g Fibre 7 g Sodiu: 145 mg Colesterol: 39 mg

Toast cu ouă de somon poşat Porţii: 2

Timp de preparare: 4 minute

Ingrediente:

Pâine, două felii de secară sau pâine prăjită din grâu integral Suc de lămâie, 1/4 linguriţă

Avocado, două linguri piure

Piper negru, un sfert de lingurita

Ouă, două poşate

Somon, afumat, patru uncii

Arpagic, o lingură feliată subţire

Sare, o optime dintr-o linguriţă

Adrese:

1. Adăugaţi suc de lămâie la avocado cu sare şi piper. Împărţiţi amestecul de avocado peste feliile de pâine prăjită. Se pune somonul afumat pe pâine prăjită şi se decorează cu un ou poşat. Acoperiţi cu ceapă primăvară feliată.

Informatii nutritionale:Calorii 389 Grasimi 17,2 grame Proteine 33,5 grame Carbohidrati 31,5 grame Zahar 1,3 grame Fibre 9,3 grame

Budinca de mic dejun Chia Porții: 2

Timp de preparare: 0 minute

Ingrediente:

Seminte de chia, patru linguri

Unt de migdale, o lingură

Lapte de cocos, 3/4 cană

Scorțișoară, o linguriță

vanilie, o lingurita

Cafea rece, trei sferturi de ceașcă

Adrese:

1. Combinați bine toate ingredientele și turnați într-un recipient potrivit pentru frigider. Acoperiți strâns și lăsați la frigider peste noapte.

Informatii nutritionale:Calorii 282 carbohidrați 5 grame de proteine 5,9 grame de grăsimi 24

grame

Ouă cu brânză porții: 1

Ingrediente:

C. rosie tocata

1 albus de ou

1 ceapa verde tocata

2 linguri. lapte fără grăsimi

1 felie de pâine integrală

1 ou

oz. brânză cheddar mărunțită cu conținut scăzut de grăsimi

Adrese:

1. Amesteca oul si albusurile intr-un bol si adaugam laptele.

2. Amestecați amestecul într-o tigaie antiaderentă până când ouăle sunt fierte.

3. Între timp, prăjiți pâinea.

4. Turnați amestecul de ouă peste pâine prăjită și stropiți cu brânză până se topește.

5. Adăugați ceapa și roșia.

Informatii nutritionale:Calorii: 251, Grăsimi: 11,0 g, Carbohidrați: 22,3 g, Proteine: 16,9

g, zaharuri: 1,8 g, sodiu: 451 mg

Boluri tropicale Porții: 2

Timp de preparare: 0 minute

Ingrediente:

1 cană suc de portocale

1 cană de mango, decojit și tăiat cuburi

1 cană de ananas, decojit și tăiat cubulețe

1 banană, decojită

1 lingurita de seminte de chia

Un praf de pudră de turmeric

4 căpșuni, feliate

Adrese:

1. Amestecați sucul de portocale cu mango, ananas, banane, semințe de chia și turmeric în blender. Se pasează bine, se împarte în boluri, se adaugă fiecare cu căpșuni și se servește.

2. Bucură-te!

Informatii nutritionale:Calorii 171, grăsimi 3, fibre 6, carbohidrați 8, proteine 11

Hash Browns Tex Mex Porții: 4

Timp de preparare: 30 minute

Ingrediente:

1 ½ kg de cartofi, tăiați cubulețe

1 lingura ulei de masline

piper dupa gust

1 ceapa tocata

1 ardei gras rosu, tocat marunt

1 jalapeño, tăiat în inele

1 lingurita de ulei

½ linguriță de chimen măcinat

½ linguriță amestec de condimente pentru taco

Adrese:

1. Preîncălziți friteuza cu aer la 320 de grade F.

2. Aruncă cartofii în 1 lingură de ulei.

3. Asezonați cu piper.

4. Transferați în coșul de friteuză.

5. Se prăjește la aer timp de 20 de minute, se agită de două ori în timpul gătirii.

6. Combinați ingredientele rămase într-un castron.

7. Adăugați în friteuza cu aer.

8. Amestecați bine.

9. Gatiti la 356 de grade F timp de 10 minute.

Paste Shirataki Cu Avocado și Cremă Porții: 2

Timp de preparare: 6 minute

Ingrediente:

½ pachet taitei shirataki, fierti

½ dintr-un avocado

½ lingurita piper negru macinat

½ lingurita sare

½ lingurita busuioc uscat

1/8 cană smântână groasă

Adrese:

1. Puneți o cratiță medie umplută pe jumătate cu apă la foc mediu, aduceți la fierbere, apoi adăugați tăițeii și gătiți timp de 2 minute.

2. Apoi scurgeți tăițeii și lăsați-i deoparte până când aveți nevoie de ei.

3. Puneți avocado într-un castron, zdrobiți-l cu o furculiță, 4. Pasați avocado într-un castron, puneți-l într-un blender, adăugați restul ingredientelor și pasați până la omogenizare.

5. Luați o tigaie, puneți-o la foc mediu și când este fierbinte, adăugați tăițeii, turnați amestecul de avocado, amestecați bine și gătiți 2

minute până se încinge.

6. Serviți imediat.

Informatii nutritionale:Calorii 131, grăsimi totale 12,6 g, carbohidrați totale 4,9 g, proteine 1,2 g, zahăr 0,3 g, sodiu 588 mg

Porții delicioase de terci de amarant: 2

Timp de preparare: 30 minute

Ingrediente:

½ cană de apă

1 cana lapte de migdale, neindulcit

½ cană de amarant

1 para, curatata si taiata cubulete

½ lingurita de scortisoara macinata

¼ linguriță de ghimbir proaspăt, ras

Un praf de nucsoara macinata

1 lingurita sirop de artar

2 linguri nuci pecan tocate

Adrese:

1. Punem apa si laptele de migdale intr-o cratita, dam la fiert la foc mediu, adaugam amarantul, amestecam si fierbem 20 de minute.

Adăugați pere, scorțișoară, ghimbir, nucșoară și siropul de arțar și amestecați.

Se mai fierbe încă 10 minute, se împarte între boluri și se servește cu nuci presărate deasupra.

2. Bucură-te!

Informatii nutritionale:Calorii 199, grăsimi 9, fibre 4, carbohidrați 25, proteine 3.

Clatite cu faina de migdale cu crema de branza

Portii: 2

Timp de preparare: 18 minute

Ingrediente:

½ cană făină de migdale

1 lingurita eritritol

½ lingurita de scortisoara

2 uncii de brânză cremă

2 oua bio

1 lingura unt nesarat

Adrese:

1. Pregătiți aluatul de clătite punând făina într-un blender, adăugați ingredientele rămase și pulsați timp de 2 minute până se omogenizează.

2. Transferați aluatul într-un bol și lăsați-l să se odihnească timp de 3 minute.

3. Apoi, luați o tigaie mare, puneți-o la foc mediu, adăugați untul și când s-a topit, turnați ¼ din aluatul de clătite pregătit.

4. Întindeți aluatul uniform în tigaie, prăjiți timp de 2 minute pe fiecare parte până când se rumenește, apoi transferați clătitele pe farfurie.

5. Mai coaceți trei clătite în același mod din aluatul rămas și serviți clătitele cu fructele de pădure preferate când sunt gata.

Informatii nutritionale:Calorii 170, grăsimi totale 14,3 g, glucide totale 4,3, proteine 6,9 g, zahăr 0,2 g, sodiu 81 mg

Porții de haș pentru micul dejun cu mere de curcan: 5

Timp de preparare: 10 minute

Ingrediente:

Pentru carne:

1 kilogram de curcan măcinat

1 lingura ulei de cocos

½ linguriță de cimbru uscat

½ lingurita de scortisoara

sare de mare, dupa gust

Pentru hash:

1 lingura ulei de cocos

1 ceapă

1 mar mare, curatat de coaja, fara miez si tocat

2 cesti de spanac sau legume la alegere

½ linguriță de turmeric

½ linguriță de cimbru uscat

sare de mare, dupa gust

1 dovlecel mare sau 2 mici

½ cană morcovi mărunțiți

2 cesti de dovleac congelat taiat cubulete (sau cartof dulce) 1 lingurita de scortisoara

¾ linguriță de ghimbir măcinat

½ linguriță de usturoi pudră

Adrese:

1. Într-o tigaie, încălziți o lingură de ulei de cocos la foc mediu/mare.

Pune curcanul la pământ și gătește până devine crocant. Asezonați cu cimbru, scorțișoară și un praf de sare de mare. Du-te la farfurie.

2. Amestecați uleiul de cocos rămas în aceeași tigaie și prăjiți ceapa timp de 2-3 minute până se înmoaie.

3. Adăugați dovlecel, măr, morcovi și dovlecei congelați după gust—

Gatiti aproximativ 4-5 minute, sau pana cand legumele incep sa se inmoaie.

4. Adăugați și bateți spanacul până se ofilește.

5. Adăugați curcanul fiert, condimentele, sare și uleiul.

6. Bucurați-vă de acest haș proaspăt scos din tigaie sau lăsați-l să se răcească și răcit pe tot parcursul săptămânii. Hașișul poate fi pus într-un recipient sigilat în

frigider pentru aproximativ 5-6 zile.

<u>Informatii nutritionale:</u>Calorii 350 Carbohidrați: 20 g Grăsimi: 19 g Proteine: 28 g

Briose din cânepă și semințe de in cu porții de brânză: 2

Timp de preparare: 30 minute

Ingrediente:

1/8 cană făină din semințe de in

¼ cană semințe de cânepă crude

¼ cană făină de migdale

Sarat la gust

¼ linguriță de praf de copt

3 ouă bio, bătute

1/8 cană fulgi de drojdie nutritivă

¼ cană brânză de vaci, cu conținut scăzut de grăsimi

¼ cană parmezan ras

¼ cană de arpagic, feliat subțire

1 lingura ulei de masline

Adrese:

1. Porniți cuptorul, setați-l la 360°F și lăsați să se preîncălzească.

2. Între timp, luați două tigăi, ungeți-le cu ulei și lăsați-le deoparte până aveți nevoie de ele.

3. Luați un castron mediu, adăugați semințele de in, semințele de cânepă și făina de migdale și amestecați sarea și praful de copt până se omogenizează.

4. Se sparg ouăle într-un alt castron, se adaugă drojdia, brânza de vaci și parmezanul, se amestecă bine până se omogenizează totul, apoi se amestecă acest amestec în amestecul de făină de migdale până se încorporează.

5. Adăugați arpagicul, împărțiți amestecul printre tigăile pregătite și coaceți timp de 30 de minute până când brioșele se întăresc și blaturile sunt aurii.

6. Când ați terminat, scoateți brioșele din tavă și lăsați-le să se răcească complet pe un grătar.

7. Pentru a pregăti masa, înfășurați fiecare rulou într-un prosop de hârtie și lăsați-l la frigider până la treizeci și patru de zile.

8. Când sunt gata de mâncare, prăjiți brioșele cu microunde până se încălzesc și serviți.

Informatii nutritionale:Calorii 179, grăsimi totale 10,9 g, carbohidrați 6,9 g, proteine 15,4 g, zahăr 2,3 g, sodiu 311 mg

Vafe de conopidă cu brânză și arpagic Porții: 2

Timp de preparare: 15 minute

Ingrediente:

1 cană buchetele de conopidă

1 lingura arpagic, tocat marunt

½ lingurita piper negru macinat

1 lingurita praf de ceapa

1 lingurita praf de usturoi

1 cană de brânză mozzarella rasă

½ cană parmezan ras

2 ouă bio, bătute

1 lingura ulei de masline

Adrese:

1. Porniți fierul de vafe, ungeți-l cu ulei și lăsați-l să se preîncălzească.

2. Între timp, pregătiți aluatul de vafe punând toate ingredientele într-un bol și batând până se omogenizează.

3. Turnați jumătate din aluat în fierul de vafe fierbinte, închideți cu un capac și gătiți până se rumenesc.

4. Scoateți vafa și coaceți o altă vafe în același mod cu aluatul rămas.

5. Pentru a pregăti masa, puneți napolitanele într-un recipient ermetic, separate cu hârtie cerată și lăsați la frigider până la patru zile.

Informatii nutritionale:Calorii 149, grăsimi totale 8,5 g, carbohidrați 6,1 g, proteine 13,3 g, zahăr 2,3 g, sodiu 228 mg

Porții de sandwich pentru micul dejun: 1

Timp de preparare: 7 minute

Ingrediente:

1 mic dejun congelat

Adrese:

1. Sandviș prăjit la aer la 340 de grade F timp de 7 minute.

106. Brioșe vegetariane sărate Porții: 5

Timp de preparare: 18-23 minute

Ingrediente:

¾ cană făină de migdale

½ linguriță de praf de copt

¼ cană pudră concentrată de proteine din zer

2 lingurițe de mărar proaspăt, tocat

Sarat la gust

4 ouă organice mari

1½ lingură drojdie nutritivă

2 lingurite otet de mere

3 linguri suc proaspăt de lămâie

2 linguri ulei de cocos, topit

1 cană unt de cocos, înmuiat

1 legătură de arpagic, tocat

2 morcovi medii, decojiti si rasi

½ cană pătrunjel proaspăt, tocat

Adrese:

1. Preîncălziți cuptorul la 350 de grade F. Ungeți 10 căni din tava mare pentru brioșe.

2. Într-un castron mare, combinați făina, praful de copt, pudra proteică și sarea.

3. Într-un alt bol adăugați ouăle, drojdia nutritivă, oțetul, sucul de lămâie și uleiul și bateți până se omogenizează bine.

4. Adăugați untul de cocos și bateți până când amestecul devine omogen.

5. Adăugați amestecul de ouă în amestecul de făină și amestecați până se omogenizează bine.

6. Adaugati ceapa, ceapa si patrunjelul.

7. Turnați uniform topitura în ceștile de brioșe pregătite.

8. Coaceți aproximativ 18-23 de minute sau până când o scobitoare introdusă în centru iese curată.

Informatii nutritionale:Calorii: 378, grăsimi: 13 g, carbohidrați: 32 g, fibre: 11 g, proteine: 32 g

Clătite cu dovlecel Porții: 8

Timp de preparare: 6-10 minute

Ingrediente:

1 cană făină de năut

1½ cani de apa, impartita

¼ linguriță de semințe de chimen

¼ lingurita de piper cayenne

¼ linguriță de turmeric măcinat

Sarat la gust

½ cană dovlecel, ras

½ cana ceapa rosie, tocata marunt

1 ardei iute verde, fara samburi si tocat marunt

¼ cană coriandru proaspăt, tocat

Adrese:

1. Într-un castron mare, adăugați făina și ¾ de cană de apă și bateți până se omogenizează.

2. Se adauga apa ramasa si se bate pana se omogenizeaza 3. Se adauga ceapa, ghimbirul, ardeiul serrano si coriandru.

4. Ungeți ușor o tigaie grea antiaderentă cu ulei și încălziți la foc mediu.

5. Adăugați aproximativ ¼ de cană de aluat și înclinați tigaia pentru a o distribui uniform în tigaie.

6. Gatiti aproximativ 4-6 minute.

7. Întoarceți cu grijă partea și gătiți aproximativ 2-4 minute.

8. Repetați în timp ce utilizați amestecul rămas.

9. Serviți împreună cu topping-ul dorit.

Informatii nutritionale:Calorii: 389, grăsimi: 13 g, carbohidrați: 25 g, fibre: 4 g, proteine: 21 g

Mic dejun Burger cu chifle de avocado Porții: 1

Timp de preparare: 5 minute

Ingrediente:

1 avocado copt

1 ou, crescut la pășune

1 felie de ceapa rosie

1 felie de roșie

1 frunza de salata verde

Semințe de susan pentru a decora

Sarat la gust

Adrese:

1. Curățați avocado de coajă și îndepărtați sămânța. Tăiați avocado în jumătate. Aceasta va servi drept chiflă. Pune deoparte.

2. Ungeți o tigaie la foc mediu și prăjiți oul, cu partea însorită în sus, timp de 5 minute sau până când se fixează.

3. Asamblați burgerul de mic dejun așezându-l pe o jumătate de avocado cu oul, ceapa roșie, roșia și frunza de salată verde.

4. Acoperiți cu rulada de avocado rămasă.

5. Se ornează cu semințe de susan și se condimentează cu sare.

Informatii nutritionale:Calorii 458 grăsimi totale 39 g grăsimi saturate 4 g glucide totale 20 g carbohidrați neți 6 g, proteine 13 g zahăr: 8 g fibre: 14 g sodiu: 118 mg potasiu 1184 mg

Foetaj gustoase cremoase și cu brânză Porții: 2

Timp de gătire: 12 minute

Ingrediente:

½ cană făină de migdale

½ linguriță de usturoi pudră

½ lingurita sare

1 ou organic

1½ lingură smântână grea pentru frișcă

¼ cană brânză feta, mărunțită

½ lingură ulei de măsline

Adrese:

1. Porniți cuptorul, setați temperatura la 350°F și lăsați să se preîncălzească.

2. Între timp, pregătiți aluatul pentru fursecuri punând toate ingredientele într-un blender și pulsați timp de 2 minute până se omogenizează.

3. Pentru a face fursecuri, puneți aluatul pregătit pe un spațiu de lucru, apoi rulați în bile de 1 inch.

4. Luați o tavă de copt, ungeți-o cu ulei, așezați prăjiturile pe ea, la o oarecare distanță unele de altele, și coaceți 12 minute până sunt bine fierte și aurii.

5. Cand fursecurile sunt gata, se lasa sa se raceasca pe tava timp de 5 minute, apoi se transfera pe un gratar sa se raceasca complet si se servesc.

<u>Informatii nutritionale:</u>Calorii 294, grăsimi totale 24 g, carbohidrați 7,8 g, proteine 12,2 g, zahăr 1,1 g, sodiu 840 mg

www.ingramcontent.com/pod-product-compliance
Lightning Source LLC
Chambersburg PA
CBHW070408120526
44590CB00014B/1314